世界上 的 另 一个你。

完结篇

朗·霍尔（Ron Hall）

[美] 丹佛·摩尔（Denver Moore）___ 著

林恩·文森特（Lynn Vincent）

张永英___译

What difference do it make?

湖南文艺出版社
HUNAN LITERATURE AND ART PUBLISHING HOUSE

博集天卷
CS-BOOKY

图书在版编目（CIP）数据

世界上的另一个你. 完结篇 /（美）霍尔（Hall,R.），（美）摩尔（Moore,D.），（美）文森特（Vincent,L.）著；张永英译. —长沙：湖南文艺出版社，2013.6

书名原文：What difference do it make?

ISBN 978-7-5404-6194-2

Ⅰ.①世… Ⅱ.①霍…②摩…③文…④张… Ⅲ.①长篇小说—美国—现代 Ⅳ.I712.45

中国版本图书馆 CIP 数据核字 (2013) 第 084784 号

著作权合同登记号：图字 18-2013-159

上架建议：外国文学

世界上的另一个你. 完结篇

作　　者：（美）朗·霍尔　丹佛·摩尔　林恩·文森特
译　　者：张永英
出 版 人：刘清华
责任编辑：薛　健　刘诗哲
监　　制：蔡明菲　潘　良
特约编辑：温雅卿
版权支持：文赛峰
装帧设计：张丽娜
出版发行：湖南文艺出版社
　　　　（长沙市雨花区东二环一段 508 号　邮编：410014）
网　　址：www.hnwy.net
印　　刷：北京京都六环印刷厂
经　　销：新华书店
开　　本：880mm×1270mm　1/32
字　　数：180 千字
印　　张：7
版　　次：2013 年 06 月第 1 版
印　　次：2013 年 06 月第 1 次印刷
书　　号：ISBN 978-7-5404-6194-2
定　　价：28.00 元
（若有质量问题，请致电质量监督电话：010-84409925）

全球媒体推荐

丹佛·摩尔和朗·霍尔的故事让我感动落泪。这两个人在各自的危机下形成友谊，鼓励我们对平时接触的任何人要更有同情心。真的是一本好书！

——芭芭拉·布什，美国前第一夫人

这是一个令人感叹的故事，关于悲剧、胜利、坚持、奉献、信念以及人性的坚忍不拔。黛博拉·霍尔坚定地奉献于帮助他人。她的离世让认识并爱她的人感觉生活中出现了一个大洞。她对游民的服务，感动了成千上万的人。这期间，她让两个社会地位天差地远的灵魂更接近。现在，他们的精神感动了全世界无数的人。

——瑞德·史提戈尔，得州桂冠诗人

这故事是关于上帝的爱如何交织起两个男人的生活，启发并改变人心。朗·霍尔和丹佛·摩尔邀请你和他们走一段有关成长、痛苦与喜悦的旅程。一个人拥有世俗的成功，另一个人赤贫，通过一个善良女人的愿景与坚持而相会。他们的故事给我们一个信息，要活出自己，对别人的生活产生正面的影响。

——卡罗尔·赖德，《魅力女人百分百》作者

这是我所读过最激励人心、最感人的故事，包括信念、坚忍与友谊。这本书让我们看到愈疗、宽恕的力量，以及无条件的爱如何改变生命。很多人挂在嘴上，但很少人做到。毫无疑问，本书里的人做到了。

朗、丹佛、黛比，真诚谦卑并毫无保留地分享他们的故事，纵使有缺陷，也会改变每一个读者。这个惊人的真实故事让我们不忘爱的无限力量。

——马克·克莱曼，《当幸福来敲门》制片人

这本书不只是一个回忆录，它更捕捉到可以改变我们社会的独特精神。如果一个人可以放下自己的需求和歧见，愿意诚心诚意关怀另一个人，那么，奇迹便会出现。借由书中两位主角，我们看见他们各自都成长了，也看到这个世界的美好面。很感谢朗与丹佛分享他们的故事，也希望这个故事可以启发更多人，让他们愿意以简单的一己之力，改变这个世界。

——李克·派瑞，得州州长

保罗使徒在写给哥林多的信上写道："如今常存的有信、有望、有爱这三样，其中最大的是爱。"

这本书说的正是关于黛博拉·霍尔的信仰、希望与爱，她相信上帝，希望世界更美好，她永恒不渝的爱永远地改变了两个男人的一生：一个是她的丈夫——朗，富有的国际艺术品交易商；另一个是丹佛·摩尔，这个无家可归的流浪汉，认为露宿街头可以让他的生活更上一层楼。

朗·霍尔与丹佛·摩尔以自己的话语叙述故事，让你的心弦随着叙述人的不同而改变，一时温暖一时痛苦。这种独特的双作者风格，以诚恳坦率的方式，谱写出引人入胜而情感丰富的故事，让人体验生命的改变。

——迈克·蒙克里夫，沃思堡市市长

富豪与流浪汉，这两个生命几乎很难有交集的人，却奇妙地相遇了，并且，这样的相遇也改写了他们各自生命本来的基调——生命的质地事实上无关乎社会阶层的高低，但大部分人还是迷惑，以至于执迷；无论是在世间的成就感中重复某种生活模式，还是在失去盼望中自我放弃，都是活在一个框架中。

我们的人生或许没有富豪与流浪汉这般极端，但仔细想想，谁不是活在一种框架中呢？而这样的框架又该怎样打破呢？

什么样的人该读这个故事？伤心的人、绝望的人，还有怀疑这个世界上为什么要有伤心的人，为什么要有绝望的人，以及让别人伤心的人，让别人绝望的人。说到底，就是他，就是你，就是我……这不是一个故事，这是许多人生命旅程剖面的集合。

——彭蕙仙，作家

纪念黛比

丹佛和朗，将此书献给

读过《世界上的另一个你》

并受此启发立志要创造不同的人们

又和大家见面了。

你现在之所以会读这本书，极有可能是因为你已经读过《世界上的另一个你》。它讲述了我的妻子黛博拉以及一个改变了我们生活的人——丹佛·摩尔——的真实故事。如果你尚未读过，没关系，我们会在这本书中进行回顾，以帮你了解整个故事（回顾部分在本书中以细黑体表示）。

自 2006 年 6 月《世界上的另一个你》悄悄爬上书店的书架，然后又登上《纽约时报》畅销书榜单以来，我和丹佛已在全国各地来来往往旅行了几千英里。我们在上百个地方做过演讲，从挤满和蔼老太太的当地读书俱乐部到马里兰州贝塞斯达的交响音乐厅（我们是作为多萝·布什·科克和她的母亲——美国前第一夫人芭芭拉·布

What difference do it make?

什的客人受邀到贝塞斯达的。芭芭拉·布什大概是丹佛最忠实的粉丝）。在这段时间里，我们看到成千上万游民的生活得到了改善——游民庇护所开始兴建，为无家游民筹集的善款达到了几百万美元，我们还看到普通美国人的生活也发生了惊人的变化，这是我们之前不曾想象或预见到的。

这就是我们写这本书的缘由，我们只是想告诉大家一些关于希望和救赎的故事。希望和救赎是上帝不断赐予很多人——也赐予我们自己的礼物。

2009 年春天，我和丹佛一起住在莫奇森庄园，当时这本书尚在写作中。有一天，我正在厨房跟我们的出版商托马斯·纳尔逊的主管开电话会议，丹佛走了进来。

"嘿，丹佛，"我向他打招呼，并把电话设置为免提，"我们正在讨论新书的名字，你有什么意见吗？"

"新书的名字？"他一边说，一边垂下眼睑，习惯性地眯起眼睛，"会有什么不同吗？"

"会有什么不同吗？[①]"我说，"就是这个了！"

丹佛耸耸肩，摇着头走开了。

这个名字再合适不过了。自从《世界上的另一个你》出版以来，我们就像老黑胶唱片声槽上的唱针，一遍遍地重复着一个信息：每个人都可以创造不同。我的妻子黛博拉·霍尔就是最好的证明。

[①] 本书英文名 *What difference do it make？* 的含义为"生命因之而不同"。但为了与第一本书保持一致，中文译本采用《世界上的另一个你 完结篇》这个名字。

你们中的很多人都已经知道，2001年，上帝带走了黛博拉。是癌症。但是如果今天她还在，她会告诉你她不是什么大人物。如果你到我们家来，她会给你泡一杯现磨的咖啡或一杯茶，然后邀你在厨房的桌子前坐下，给你讲讲她的故事。然后你会感受到爱。因为这就是黛博拉的礼物。她爱上帝，并因与主亲密同行而爱每一个人。她的整个人生都是关于宽恕和无条件的爱，而我们中的很多人都很难时刻拥有这两大美好品质。

真的就这么简单。黛博拉用她的一生告诉我们：每个人都可以拥有这种爱，只要你愿意花时间屈膝祈祷，你就会战胜恐惧，走出去，亲自参与其中。成百上千的人在谈话中告诉我，黛博拉的故事激励他们去这样做。她所创造的不同激励着其他人也去创造不同，在很大程度上，这正是本书所要表达的东西。书中收录了许多他人跟我们分享的故事，关于黛博拉的榜样如何激励他们做更多善事，不论是在他们自己家里还是在整个社区里。

比如，一位名叫安的女士从什里夫波特市北部的维维恩小镇写信给我们，路易斯安那州的这座小镇距离丹佛之前工作的红河郡农场不太远。安在信中说，她把《世界上的另一个你》先后借给过大概二十位朋友，结果还书的时候，这些朋友对这本书有完全不一样的感悟。

"一位朋友被丹佛和朗之间的友谊深深感染，"安在信中写道，"另一位朋友为自己的祖父母感到羞愧，因为他们曾经刻薄地对待过像丹佛这样的人。"

最让安感到惊讶的是，一位女士告诉她，书中黛博拉与癌症做斗争的故事深深触动了她，鼓舞她去做了一再延期的结肠镜检查！

　　我们也跟安一样，惊讶于人们向我们讲述的各种各样的故事，惊讶于黛博拉的故事对人们产生的影响。我们当初写《世界上的另一个你》的时候，只是想告诉人们一个女人决心要改变无家可归者的生活的故事，但我们收到的信是有关于挽回婚姻的，有关于修复友谊的，有关于开始传道的，甚至还有关于领养孩子的故事！

　　在沃思堡，一位名为卡琳的高中教师告诉我们："真是难以置信。"她竟然说服学校行政部门，同意让她心理健康课的学生读我们的这本书。"学生们从中了解到各种各样的问题是如何影响我们的心理健康的，"卡琳在信中写道，"通过这本书，我还让他们懂得了参与社区活动的重要性，懂得了什么是热情，懂得了奉献他人的重要意义。"

　　黛博拉过世后不久，她的好朋友玛丽·艾伦跟我说，她祈祷的时候上帝轻声告诉她，黛博拉就是耶稣在《约翰福音》中提到的那粒麦子："我实实在在地告诉你们，一粒麦子不落在地里死了，仍旧是一粒；若是死了，就结出许多籽粒来。"

　　玛丽·艾伦告诉我，她想黛博拉的死就是这样——结出许多籽粒。我无法表达当时我是多么不愿听到这些。但是现在，我觉得玛丽·艾伦说得对，真的是太对了。

　　艾伦告诉我这番话是在黛博拉·霍尔纪念礼拜堂落成典礼的前几天。这座新的礼拜堂是以我妻子的名义为联合福音慈善机构修建的，资金来源是当地人捐助的善款。很多人在黛博拉告别仪式上听了丹佛的故事后，都争相到机构捐款。那个时候，我们觉得这座礼拜堂和其他新的游民服务机构都是上帝因为黛博拉的死而赠予我们的礼物。我当时并不知道联合福音慈善机构只是上帝恩赐给我们的丰盛礼物中的**第一件**。

以待特拉为例。待特拉住在得州奥斯丁。她写信告诉我们，读了黛博拉的故事后，她决定在车里放些食物、袜子和毯子，以随时帮助那些无家可归的人。而且，她的教堂还在奥斯丁公园举办了野餐，带了足够的食物，可以让当天公园里的每一个饥饿的人都吃个饱。

一个小女孩问待特拉："你们什么时候会再来？"

自那之后，教堂每月举办一次这样的活动。当天，教众会坐下来跟那些无家可归的人一起进餐。

这本书中还有很多这样的故事。我会舍弃这样的恩赐吗？如果我可以像倒带一样使时光倒回，然后给那个癌症故事重写一个快乐的结局，我会舍弃这些恩赐吗？

很抱歉，我大概会说："我会的！我想要我的妻子回来！"

但是，我可以坦白地告诉你，黛博拉会说："不，朗。我们不久就能见面了。"

所以这个故事得以继续——全国各地的男男女女被丹佛和黛博拉的故事所感动，并开始给他人的生活带来改变。过去三年中，我觉得自己也在创造不同、带来变化——到全国各地做演讲，像丹佛说的一样："传递黛比小姐的火炬。"我想，我是在创造不同。

但是到了 2009 年，我意识到，有时候最难改变的，恰恰是你最亲近的人。

——朗·霍尔

2009 年 7 月

于得州达拉斯

What difference do it make?

What difference do it make?

第一部分

威士忌和我的父亲

1. _____

朗

　　田纳西州酸麦芽威士忌代表了我的爸爸。他宣誓一生都效忠于占边威士忌，而占边再也找不到比我爸爸更忠诚的朋友了。小的时候，在沃思堡郊外破旧的蓝领工人小镇，我钻进被窝，经常会哭着睡去，祈求我的爸爸能像爱他自己一样爱我和我的哥哥约翰。

　　我父亲的名字是厄尔·F.霍尔 [①]。中间这个F没有什么意思，但是这些年来，我赋予了这个字母很多不堪入耳的含义。厄尔是

_____

① 厄尔·F.霍尔，以下简称厄尔·霍尔或厄尔。

一个不停抽烟、不停喝酒又极有女人缘的男人。他把抹了瓦特里斯润发油的褐色波浪式头发往后梳，穿着最爱的背心式 T 恤、带皱褶的华达呢休闲裤和翼梢鞋。他不是个酒疯子，多数情况下可以走好直线，背出字母表——如果必须这么做的话。有一次，他甚至背诵了诗歌，一直背到酒醒。

1945 年"二战"结束以后，我爸爸回到家乡。他找到工作前，我们全家都住在得州登顿市他妈妈的小棚屋里。几个月后，他在柯蒂斯糖果公司找到了一份工作，负责驾驶一辆 1947 年生产的通用小货车，这辆货车漆成红白两色，跟"宝贝露丝"糖果棒的包装纸一样。之后不久，我们把少得可怜的家当塞进那辆糖果货车，运到靠近沃思堡市中心的西四大街贫民区，搬进了只有一间卧室的小平房。那个街区正好位于由一个铁路站场、一个游民营地、一片采砾场、一个垃圾场、一家狗粮工厂和一座污水处理厂组成的破旧圈子的正中心。

我们的邻居大多是普通人，有的在工厂里往吊桶里装矿石，有的在污水管道里钻来钻去。但是住在街对面的安迪是个例外。安迪是一位职业摔跤手，骑着哈雷摩托车。他白天一整天都待在家里，晚上出去摔跤。他不在竞技场上摔跤的时候，就在自家客厅跟他红头发的性感妻子拉斯蒂·费伊赤裸着摔跤。不知什么原因，拉斯蒂·费伊一直没空给客厅挂上窗帘，所以临街的大落地窗就像旧时狂欢节跳胡奇库奇舞①的帐篷一样吸引着邻近的男孩子。我们总是百思不得其解，为何娇小的拉斯蒂·费伊总能将她身材庞大而强壮的丈夫压倒并骑在他身上。我们都觉得，这是小镇上最好看的表演。

作为一个小男孩，我觉得这大概是我们街区唯一的优点。首先，这个地方恶臭熏天。污水处理厂和狗粮工厂排放出来的难闻气体像无形的浓雾一样盘踞在树上。两种气味混合起来，闻上去就像辣椒烹饪比赛后挤满老男人的房间散发出来的味道。与这些臭味一样难闻的，是从游民营火、后院鸡粪和隔壁邻居屋后的厕所散发出来的臭气。有次在学校郊游的路上，我闻到面包店温暖并带有肉桂味道的香气。当时，我很妒忌住在这附近的每一个孩子，他们真是太幸运了。

我们的房子坐落在铁路站场附近，几英亩的铁轨像是一排排农作物，一年到头都在出产五颜六色的货车车厢和一天到晚叮当响的电铃。货车车厢日夜不停地相互撞击，发出平稳的鼓点一样的节奏。引擎声尖锐刺耳，拖着绵延一英里的车厢从站场里冲出来，后面是穷追不舍的流浪汉。（关于铁路站场，唯一令人愉快的事情是，我和我的朋友经过多次科学试验，证明了把一分硬币

① 胡奇库奇舞是一种色情女子舞蹈，颇具挑逗性。舞者一般穿着短裙，腰部裸露，上身是紧紧的胸带。

放在铁轨上会使飞驰的火车脱轨的说法完全是无稽之谈。）

仅次于铁路站场交响曲的是谷物升降机和狗粮工厂发出的连绵不断的高分贝呜呜声。但是所有这些噪声都没有我父母没完没了的争吵更可憎、更刻薄。

我曾听说，爱与恨只在一线间。我经常听到恶毒的词语从打开的窗户飘到前院。我想，厄尔·霍尔和汤米·霍尔已经决心要将这条线完全抹去。

他们的争吵大多发生在早上和下午，因为到了晚上，爸爸经常会躲到无尾巴猴酒吧去。然后，午夜前他会打电话回家，让妈妈去接他。妈妈会把我们喊醒，然后开车一公里左右到无尾巴猴酒吧。她按按汽车喇叭，他就跌跌撞撞地出来。等我和约翰稍微长大一点，会走路说话了，我们就会打一架，谁输了谁就得进酒吧去找爸爸。厄尔经常跟他的伙伴们坐在桌子旁，有时会有女人坐在他的大腿上。爸爸长得很英俊，很能吸引那些经常泡酒吧的人，就像家庭野餐会吸引蚂蚁一样。

"来，亲一个。"他含混不清地说，一边凑过来亲我的嘴。我会挣脱他，把头扭过去，因为我不喜欢他嘴里啤酒和香烟的味道。

爸爸无意要带坏我，我也不会让他带坏我，但他的影响无法避免。我曾暗自发誓绝不喝酒不抽烟，我努力让自己五岁后才开始抽葡萄藤香烟，六岁后才开始抽库尔薄荷烟，薄荷烟是从伊丽莎白·亨森的爸爸那里偷来的，他在附近的采砾场开自卸卡车。我第一次喝酒是在十四岁，喝的是蓝带啤酒。有时，少年时代就是这么具有讽刺性却又很悲哀，儿子憎恶自己的父亲，但同时又在效仿他。

What difference do it make?

2. _____

丹佛

很多时候，人们看待无家可归的人就像他们过去看待我一样：他们会上下打量我。我能看到他们脑袋里的轮子在不停转，他们在想，那个家伙怎么能变成这样子？

这个问题不该问，因为怎么会变成这样子并不是我们要关心的事。我们要关心的是能否给他们的生活带来一些变化，带来机会，带来希望。有时，这可能意味着要帮一个人戒酒或戒毒，也……着要帮他找到一份工作。

……并讲我自己的故事。刚到得州沃思堡市的时候，我不识字，不会写字，一点算术也不懂。我在南方腹地的一个农场长大，一辈子没上过一天学。

1937 年，我出生在路易斯安那州的红河郡。那时候，白人是白人，黑人是"有色人种"。从法律上讲，当时奴隶制度已经不存在了，但是并不代表奴隶不存在。整个南方到处都是我们称为佃农的人。而我的爸爸毕毕不是佃农。我想，他是一名铁路工人，不过我不太确定；他非常有女人缘，周日他从不到新抹大拉的马利亚浸信会教堂去，因为他可能会从会众中带几个女人出来。但是某天晚上，毕毕在一号公路旁边的大河口被捅死了。那时，我的祖母大妈妈已经被大火烧死，所以我和哥哥瑟曼去跟艾莎阿姨、詹姆斯叔叔一起住。他们在考沙塔附近的农场做佃农。

关于佃农，具体情况是这样的。农场的主人给你种棉花需要的所有东西，只是这些东西都会记在账上。然后你犁地、播种、锄地，直到采摘季节到来。等棉花收完，你要把棉花五五分或者六四分，农场主人拿走他的那部分，你拿走你的那部分。但是不知怎的，你总拿不到你的那部分，因为等你还清主人借给你的所有债务，你的那部分棉花就不剩下什么了。实际上，大部分情况下，你连欠款都还不清，所以你只能再在农场干一季来偿还欠款。

从很小很小的时候开始，我就是个佃农。除了农场的活，我什么也不会做——我只会犁地、种植、锄地、采摘和其他要做的零活，比如将废弃木板钉在简陋小屋的地板上，这个简陋小屋也是主人借给我们住的。

我一直这样干活，从没拿过薪水，直到20世纪60年代。那时我已经长大了，有一天，我意识到这样永远是行不通的。**我永远**也还不清欠主人的钱。所以我跳上一趟贯穿全国的货运火车，然后到了得州沃思堡市。虽然我之前从未离开过红河郡，但我听说城市里有很多工作机会。可是我到了城市才发现，没有多少人愿意雇用一个不会读书写字也不会算数的有色人种。

我四处做零活，但还是租不起房子。所以，最后我就落得无家可归了。

假如你在沃思堡东兰卡斯特街朝我走来，问我：你为什么无家可归？你为什么这么不走运？

如果我告诉你毕毕、大妈妈和主人的故事，如果我告诉你当美国把人送上了月球的时候，我却还像个奴隶一样在农场劳作，你会怎么说？

"这一美元你拿去吧。"

"祝你好运，愿上帝保佑你。"

很多无家可归的人从小就遭受伤害和虐待。我们也曾经有过爱，也曾被某个人爱过。我们曾经怀有希望。我们曾经全心相信。然而希望飞走了，我们失去了曾经拥有的一切。我们中的很多人都有过不被任何人接受的时候。没人愿意帮助我们，不管以什么样的方式。所有人都把我们拒之门外，然后我们就只能坐在路边，身边人来人往，却没人看我们一眼。

就算你内心还是一个人，就算你小时候跟妈妈生活在一起，就算你结过婚，拥有一座房子一份工作，但是现在你什么都不是。而一旦你无家可归，人们宁愿过来抚摸一只流浪狗，也不愿跟你打声招呼。

有时，我们无家可归是因为我们做了非常恶劣的坏事，以至于我们生命中的每个人都不再爱我们，也不再信任我们。当没有人爱你、信任你的时候，你就会变得跟野兽一样，躲在黑暗中，活在黑暗中。即使你看到大街上那些无家可归的人看上去非常愉快、非常高兴，那也只是他们的面具而已。他们背后是痛苦的泥沼，但是只有戴上面具，他们才能熬过每一天。也许他们勉强凑够了一两美元，可以买点吃的或者来半杯酒，以减轻痛苦。

如果你见到的是那时候的我，你也许不会相信我的故事。你甚至会从我身边快步走过，自言自语："游手好闲是万恶之源！这个懒惰的家伙怎么不去找份工作？"

露西
充满爱的塑料密封袋

"妈妈，那个棕色皮肤的人是谁？"

前一天晚上，七岁的露西·巴恩斯上床睡觉的时候，她的妈妈正坐在一把软坐垫椅上看书。露西早上醒来的时候，她的妈妈还蜷缩在那把椅子里，手里仍捧着那本书。露西想知道封面上的男人是谁。

"他叫丹佛，是个无家可归的人。"雷塔·巴恩斯告诉女儿。

露西的小脸上露出困惑的表情："什么是无家可归？"

雷塔有些窘迫，她突然意识到自己从未向女儿解释过无家可归的含义。并不是因为她给了露西一个家，使她不至于流落街头，而是因为这个话题从未被提及过。在费尔霍普这个亚拉巴马州的小镇上，她从没见到有人睡在大街上。虽然这一年的晚些时候，露西登上了亚拉巴马州的报纸，但是这天早上，她还仅仅是个只会问问题的小女孩。

雷塔看着她的女儿，尽量用最简单的方法向她解释。

雷塔说："有些大人和小孩没有家。"露西认真地盯着妈妈，"他们没有东西吃，没有工作，也住不起房子。所以他们到处找地方睡觉，可能睡在大桥下或公园的长椅上。他们睡觉的时候身上只盖着自己的外套，靠自己仅有的东西度日。"

露西仔细想了一会儿，然后问："他们为什么找不到工作呢？"

雷塔顿了一下。她知道有些无家可归的人**可以**找到工作，可是他们不想工作。但是，这个复杂的问题远不是一个七岁的小女孩能理解的。雷塔决定只跟女儿讲那些真正需要帮助的人。

雷塔说："有些无家可归的女人不能找到工作是因为她们没有地方安置她们的孩子。有些人找不到工作是因为他们生病了。有些人因为丢了工作而失去了房子，只好到处搬来搬去找地方住，结果他们就找不到工作了。"

然后雷塔解释说，无家可归的人可以到一些叫作救济中心的地方去，他们在那里可以获得帮助。"海湾对面的莫比尔市就有一家。"雷塔说。

露西·巴恩斯没有发出"哦"和"啊"的感叹声，也没有惊奇地睁大眼睛。她只是仔细地聆听着。但接下来发生的事情很是出乎雷塔的意料，露西竟然跑去问家里的每个人要钱。

"我在给无家可归的人筹钱！"她高兴地说，她甚至还去鼓动住在养老院的祖母捐钱。

几天后，雷塔正在厨房准备午餐，露西突然闯进来。"我可以摆个摊子卖柠檬水吗？"小女孩问。

半个小时后，露西带着一大罐水晶灯牌的柠檬水和一块自制的牌子，开始拦下开车经过社区的人们。雷塔坐在折叠椅上看着她。

露西高声喊道："我在给无家可归的人筹钱！"每杯柠檬水她卖

25美分，但她的顾客常常会多给些钱，因为这是一件善事。

整个下午下来，露西的小摊位给她带来了几美元的善款，雷塔以为也许就到此为止了。但是露西并没有就此停下。第二天，她和两个小朋友挨家挨户去拜访邻居，重复着露西的那句名言："我们在为无家可归的人筹钱！"

有家人一下子捐了20美元，这让三个小女孩兴奋不已。"我们当时想，哇！太酷了！"露西回忆说。

其间，雷塔一直在惊奇地观察女儿的慈善事业。之前并没有人建议露西做这些募捐活动，她完全是自发的。雷塔觉得自己年幼的女儿为大家树立了一个非常成熟的好榜样。

通过向家人和邻居募捐以及卖柠檬水，露西一共筹集了将近90美元。起初，她想把这笔钱拿去帮助某一个无家可归的人。但是，雷塔提出了另外一种建议：也许应该把钱交给莫比尔市的救济中心。"救济中心的人会更好地利用这些钱去帮助那些无家可归的人。"

露西觉得这个主意不错，所以她的妈妈给救济中心的志愿协调员卡莉打了个电话，约定几周后去拜访救济中心。

去救济中心的前一天，巴恩斯家的电话响了，是露西二年级的老师洛特小姐打来的。"雷塔，我打电话是要告诉你，露西给全班同学写了一封信，说她要去救济中心，"洛特小姐说，"她告诉其他孩子，如果他们想捐钱或捐衣服，她很乐意帮忙带到救济中心去。"

雷塔又一次震惊了。她原以为露西的募捐之旅已经结束了，但是现在看来，露西正在毫不声张地继续进行。去救济中心的那天，露西的几位同学从家里带了衣物，还带了一些钱，让露西帮他们带到救济中心。洛特小姐把一张20美元的钞票换成了一美元一美元的零钱，然后让每位同学捐了一美元，这样所有的孩子就都可以参与到这项捐赠活动中了。

看到自己女儿的善心引起的这一串连锁反应，雷塔感到非常惊讶。露西的小小善举就像掷到池塘里的石头，激起的涟漪波及她的家人、邻居、同学，甚至老师。截止到2008年5月去救济中心的那天，露西募集到的硬币和钞票加起来共有113美元，包括那令人振奋的20美元钞票。她非常自豪地把这笔财富装到一只塑料密封袋里。在那天之前，她从没见过一个无家可归的人。但是那一天，她参观了救济中心，甚至还帮忙分了一次饭。

"我见到好多棕色皮肤的人，就像封面上的丹佛一样，"她回忆说，"真的很有趣，因为我可以给他们分水果！"

她还把装满钱的塑料密封袋交给志愿协调员卡莉。袋子里还有一张露西写给无家可归者的字条：

我爱你们，上帝也爱你们。

3. _____

朗

爸爸从前是个充满喜感又风趣的人,在可口可乐公司工作四十多年之后退休。然而不知道从我童年的哪一天起,他掉进了威士忌瓶子里,一直到我长大以后才出来。

我爸爸厄尔是由单亲妈妈克拉贝尔和两个没结婚的阿姨埃德娜和弗洛伦斯抚养长大的。她们没开过车,都是走路去上班,她们在一家洗衣房工作,为南方酒店和得州女子大学洗衣服。她们居住的小房子里外都没有粉刷。她们没有电话,用有四个灶头的煤气灶取暖,我从未见这个煤气灶熄灭过。至于空调,也只是做做白日梦,如同想拥有一套得州首富约翰·D.和露佩·莫奇森夫妇那样的庄园一样难以实现。

克拉拉妈妈、埃德娜阿姨和弗洛伦斯阿姨都吸盖瑞牌鼻烟。三姐妹每天要抽整整一大罐。烟的味道令人作呕，她们的口水沿着下巴往下流，然后在皱纹里干掉。我宁愿挨皮鞭抽，也不愿意让她们亲一下。但每月一次，我们要到登顿市贫民区的简陋小屋去看望三姐妹，见面和分别的时候，爸爸总是让我跟她们亲一下嘴。我总是紧紧闭上眼睛，使劲抿着嘴唇，默默忍受着。也许埃德娜阿姨和弗洛伦斯阿姨知道这对我是一场受刑，所以她们常常给我一盒硬币作为奖励。

但是她们非常亲切，因为她们的儿子，我的爸爸，是她们的一切。

我的祖母克拉拉贝尔觉得单亲妈妈跟麻风病人一样耻辱。除了自己的姐妹，她从不敢与其他人有眼神接触。我最近读了一本关于单亲妈妈的书，是著名女演员简宁·特纳所著的《昂起你的头》。我多么希望克拉拉妈妈能读一下这本书，高昂起自己的头。但我知道她不识字，而且由于感到羞愧，她经常低着头，下巴都贴到胸口上了。

我爸爸七岁的时候就要出去干活，帮家里维持生计。后来，他在七喜工厂找了一份洗瓶子的工作。克拉拉妈妈和阿姨们不许他问有关他父亲的任何事情。甚至在我出生之后，这个"不问不说"的规则依然存在。

记得我大概八岁的某一天，我与埃德娜和弗洛伦斯阿姨一起坐在门廊前。她们嘴上都叼着一小块盖瑞烟，下嘴唇凸出来，像是一直噘着嘴。得州的阳光照在门廊上，也照在我的粗布工装裤上，暖暖的，让我稍稍勇敢起来。

"跟我讲讲我爷爷的故事吧。"我鼓起勇气说。

两姐妹异口同声地喊道："你没有爷爷！"然后，埃德娜扭头往院子里吐了口唾沫。

等我稍微大一点，我开始明白我爸爸不可能没有爸爸，因为只有圣母马利亚才会未婚先孕。我的哥哥约翰曾告诉我，他觉得埃德娜阿姨就是我们的祖父。

终其一生，无论我爸爸怎么询问他爸爸是谁，三姐妹总是给他同样的答案。1942年，他被遣往太平洋战场的时候，他终于放弃，不再问了。祖母去世的时候，我爸爸已经有七十五岁了。临终时，年纪最大的阿姨弗洛伦斯也在场。祖母告诉爸爸，他的父亲名叫万达，来自得州的斯蒂芬维尔。但是到这个时候才告诉他已经太迟，根本来不及去找寻了，尽管整个得州可能没有第二个名叫万达的男人。

我的妈妈像单亲妈妈一样把我们抚养长大，厄尔从未帮过忙。跟克拉拉妈妈不同的是，她以身作则，总是高昂着头。她教我们读《圣经》，每周都拖我们去主日学校和教堂——从无例外，从未缺席，除非我和哥哥出了天花或长了麻疹。

即使做了包皮环切术也不例外。我哥哥五岁的时候，某个周五，他做了包皮环切术，血流不止，周日早上也不见好转。妈妈就用短袜包住他的小鸡鸡，用透明胶带缠了三四圈，然后就拖着我们去了教堂。我坐在教堂前排的椅子上，不敢跟妈妈说我想上厕所，因为我怕她用胶带和短袜想出其他什么怪招。所以我只好一直坐着，最后拉在裤子里。

我印象中爸爸从未进过教堂，可能我上中学的时候，他去过那么一两次，都是在复活节。我不知道周日他都是做什么，因为无尾巴猴酒吧周日不营业。反正我们周日从没见过他。事实上，我不记得他曾经开车带我们去过什么地方，唯一的一次就是开着糖果卡车把我们载到贫民区。有时候，他也会跟我们一起去某个地方，但都是我妈妈开车，这样他就可以喝酒了。

妈妈教我们投掷棒球，还训练我们比赛。比赛前，我们会把爸爸载到无尾巴猴酒吧，比赛后再去接他。

"给我狠狠地揍那个东西！"他把庞蒂亚克车门砰地关上时，会这么指挥我们。他的意思是"击中棒球"。我们接了他之后，他会问："你们替爸爸狠狠地揍那个东西了吗？"

这就是厄尔·霍尔对父亲这一角色的诠释。

————

我妈妈汤米是得州巴里市一个佃农的女儿。我们身上穿的每一件衣服都是她做的，她烤饼干，在我参加小联盟时帮我加油打气……她和（哥哥）巴迪、（姐姐）

艾薇、（妹妹）薇达梅，都在外公杰克·布鲁克斯的黑土农场上捡棉花。

我们家很穷，不过还没穷到要接受施舍的份儿上。我妈妈汤米是个在农场长大的足智多谋的姑娘，她在后院养鸡，把多余的鸡蛋和公鸡卖给邻居。我们的食物很充足，有鸡肉、油炸午餐肉和维卡猪肉豆。妈妈整箱整箱地买这种猪肉豆，储藏在车库里，就像在为千年虫的到来做准备。我们每天吃这种豆子，屋里的味道可以与社区的异味抗衡。爸爸经常把他的臭屁味归咎于邻居家的室外厕所。但是那次我在教堂拉在裤子里，也想把臭味归罪于邻居的厕所。妈妈却说，我们离厕所有一英里多远，让我不要跟爸爸学。

我的父母睡在起居室里的折叠式沙发上。在我们沥青屋顶的小平房外面，是一个泥土院子，院子里的泥土很平整，土质很细，最适合玩自卸卡车玩具了——只是我们并没有这样的玩具。不过，与附近采砾场周围那些建在桑橙树桩上岌岌可危的沥青毡棚屋和未经粉刷的披屋相比，我们的小房子算是很不错了。住在那些模样难看的房子里的孩子们，在整个社会等级制度中的地位比我们还要低下。他们的衣衫褴褛又肮脏，依靠施舍过活，有时候甚至还要去垃圾堆里找东西吃。我听说，他们的爸爸大多曾是采砾公司的员工。

至少他们还有爸爸，我想。可能我和约翰的生活要比这些采砾场的孩子好些，但是我宁愿拿好一点的居住条件跟他们做交换，因为这样我们就有真正的爸爸了。

曾有一次，我们全家去墨西哥的蒙特雷度假，因为爸爸听说，那里的美国游客每天都可以喝到免费的卡达布朗卡啤酒①。在厄尔的坚持下，妈妈驾驶着我们的四门庞蒂亚克汽车，穿越了得州和墨西哥沙漠，经过整整两天，来到蒙特雷。这样，他就可以在卡达布朗卡啤酒厂的啤酒花园里免费喝酒。那时候，空调还远没有流行起来。

早上我们开车把爸爸送到啤酒厂，之后我和约翰会到廉价汽车旅馆附近的半公共游泳池游上一整天。妈妈不会游泳，她就坐在椅子上，眼睛紧紧地盯住我们，手上拿着一个救生圈以防万一。游泳池停止营业后，我们再开车接爸爸回来。

对啤酒厂来说，整个"免费啤酒"活动注定是失败的，因为厄尔·霍尔在家从不喝这个牌子的啤酒。事实上，无尾巴猴酒吧的同伴们都叫他"珀尔厄尔"，因为他手里总是握着一罐冰冷的珀尔啤酒。他喜欢炫耀用一只手就能捏扁啤酒罐。当然，当时盛行的是美铝公司生产的钢罐，铝罐是很久以后才出现的。

约翰上七年级的时候，有一次，他所在的初中组织一场驴上篮球赛。你可能没见过这样的比赛，其实就是父亲们骑着驴跟他

---

① Carta Blanca 啤酒为墨西哥人最爱的啤酒之一，由墨西哥著名的 Cuauhtémoc Moctezuma 啤酒公司酿造，属于淡啤酒，味道清新，口感顺滑。

们的儿子进行篮球比赛。约翰个子很高，被选进了篮球队。

约翰用尽各种办法，终于说服爸爸让所有参赛的父亲都要骑驴。那天爸爸很早就回到家，在一品脱占边威士忌的刺激下，他鼓起勇气爬上了驴背。

起初一切都很顺利，驴子在场上跑来跑去，步态如田纳西州的走马一样平稳。爸爸传了一两次球，然后想阻止约翰投篮。糟糕的事情就在这个时候发生了。爸爸骑的驴子被鞍具刺了一下，受惊的驴子把爸爸像宇航员一样掀了起来。他做了一个后空翻，转体720°，然后肘部落地摔下来，他的手肘就跟空啤酒罐一样碎了。我确信一定特别疼，因为爸爸都哭了。但是我和约翰乐开了花。这是我们跟他在一起时最开心的一件事。

我不记得他是否参加了我的中学或大学毕业典礼。也许没有。那时，他没参加我很高兴，因为对我来说，他就是个陌生人，他的出现只会让我难堪。

但是其他人对厄尔的看法并非如此。他颇得老板和同事的喜欢，他们很欣赏他的机智和"满不在乎"的态度。他的朋友说他跟杰基·格利森一样风趣，每次他讲故事，他的朋友们都能把肠子笑断。尤其是厄尔拿共和党寻开心的时候，他们总会大声哄笑。

"该死的共和党应该为全世界的坏事负责。"爸爸大声叫喊，仿佛自己坐在竞选车厢的后部拿着扩音器演讲。他指责大老党（共和党）应该为所有的一切负责，从共产主义到关节炎。若是实在没什么可指责的了，他甚至会提到粉刺和嵌趾甲。

　　德怀特·戴维·艾森豪威尔总统在位期间，我爸爸觉得得州参议员林登·贝恩斯·约翰逊是能够拯救美国的英雄，他应该取代艾克（指艾森豪威尔）。1960 年约翰·肯尼迪参加竞选的时候，我爸爸不太喜欢他。但厄尔是个"黄狗民主党人"①，他宁愿把票投给任何颜色的四条腿的狗，也不愿投给共和党人。所以到 11 月的时候，他捏着鼻子把票投给了肯尼迪，即使肯尼迪是天主教徒，而且还是个北方美国佬。

---

① 1928 年，艾尔·史密斯代表民主党与共和党的胡佛角逐，最忠诚的民主党人喊出口号：
　"我会投票给一只黄狗，只要他是民主党候选人。"从此，"黄狗民主党"成了铁杆民主党的代名词，尤其是在南部地区。

4. _____

丹佛

每个礼拜天，都有一个驾骡车的农夫，沿着庄园蜿蜒的泥土路载着大家去赞美上帝。欧斯特·布朗牧师也是农夫。除了（我的）詹姆斯叔叔以外，他是我认识的唯一能读《圣经》的人。

"布朗，这段布道我们已经听了快一百次了，"某个上年纪的女人，像大妈妈的姐妹——我阿姨那样比较有魄力的人会这么说，"你怎么不讲点别的？"

布朗就盯着（教堂）满是洞的屋顶看，然后摇摇头，有点悲伤。"我和大家一起在棉花田里工作，而每个礼拜，上帝让我看见会众之间发生的事，我就知道礼拜天该讲些什么。当我开始看见外面的改变，"他说，指向庄园，"我就会改变讲道的内容。"

不识字的我就是这样学习《圣经》的。艾莎阿姨和詹姆斯叔叔的盒式小棚屋里除了《圣经》，就再没有其他什么书。可是我看不懂《圣经》，因为那时黑人孩子不可以上学。我听说在其他地方，有些黑人孩子可以去上几天学，但是在红河郡的农场上，我们只能待在家里或者在地里劳作。每年的采摘季节，所有的孩子都要工作，不管是白人还是黑人。金字棉季节到来时，**所有的孩子都要待在家里帮忙。**

田里劳作结束后，白人小孩会进到房子里，把身上洗干净，然后吃晚餐。黑人小孩却一个个赤条条地在前廊排队，等着在10号的洗衣盆里洗澡。我们所有人都用同一盆水洗澡，因为那水是用一个贮水槽接的屋顶上流下的雨水，每一滴水都不能浪费。我们也有井水，那口井是三四个佃农挖的。但是井水像冰一样凉，我们都不愿意用这么冷的水洗澡。

我从十几岁开始就为主人捡一些碎棉花，赚些小钱。这些钱只能在庄园上主人的商店里花出去，不过我把亚伯特王子香烟盒的一端开了个小口，然后把钱都放进去，之后我把香烟盒藏在艾莎阿姨房子下面的槽缝里。我记得有一次我们要进城，我非常高兴，因为我们几乎没进过城。我终于有机会去真正的商店买东西了，而不是主人的商店。但是当我去房子下面拿钱的时候，我发现有人偷了我的钱。亚伯特王子香烟盒还在，但是里面空空如也！

有那么几分钟，我就蹲在地板下面的泥土里思索到底是怎么回事，周围有蜘蛛爬来爬去。片刻后，我想起一条线索。之前有几次，我看到哥哥瑟曼沿着红色庄园道路走回来，嘴里吃着糖果或是奶酪。有几次，他嘴里吃着奶酪，工装裤口袋里还揣着糖果棒，好像自己是富家公子哥似的。现在回想起来，他从不分给我吃，也不告诉我是从哪里弄来的。

想到这些，我就明白，偷我钱的除了瑟曼别无他人，当时我非常**恼火**。

我从房子下面钻出来，咆哮着："瑟曼！瑟曼偷了我的钱！"

瑟曼肯定听到了我的喊叫，因为他正猫着腰快步穿过艾莎阿姨的前门。我气疯了，掂起一块砖就去追他。我和哥哥绕着房子一圈圈地追赶，好像两只旋转木马。但瑟曼年龄比我大，速度比我快，我怎么也追不上他。所以我想了个好办法，在贮水槽旁边的墙角停下来等着。天地一下子静了下来，我听到瑟曼的脚步声无比清晰。

"小家伙？"他喊道。当时大家都是这么叫我。

我紧紧闭着嘴，像一只躲避山猫的松鼠。

就在此时，瑟曼丑陋的脑袋从墙角后面探出来，我当即就把手里的砖头飞过去。

正中靶心！砖头结结实实地砸在他的头上！

我非常骄傲自己维护了自己的利益。瑟曼走起来摇摇晃晃，像喝醉了一样，我甚至还让他挂了彩。但是詹姆斯叔叔一点也不为我感到骄傲，他臭揍了我一顿——是我这辈子挨的最狠的一次打。

从那时起，我就不再相信别人，即使是那些你觉得最应该相信的人，比如你的哥哥。

What difference do it make?

5. _____

朗

　　我第一次见到黛博拉，就计划要把她"偷"走，一开始不是为了我自己，而是为了 Sigma Chi 兄弟会。那是我大二时从东得克萨斯州立大学转学到得州基督教大学后，宣誓加入的兄弟会。那是 1965 年春天，我是留校察看生，而黛博拉则是拿奖学金的大二生。我决心让她变成我们兄弟会的甜心，我若能完成这个兄弟会之间的小小叛变，好处之一是在学生联会上，我们这桌将多一个聪明女孩。

　　1969 年春天，我向黛博拉求了婚。婚后不久，我们发现我们无法怀孕生子，尽管尝试怀孕的过程乐趣无穷。

　　当我们告诉我的爸爸，我们无法生育孩子的时候，他怀疑我作为男人的能力。当我们告诉他，我们在埃德娜·格拉德尼儿童中心登记要领养两个孩子的时候，他的脸色一下子暗淡下来。他用食指指着我的脸说："这绝对是个错误的决定，伙计。你以后会后悔的。"

厄尔·霍尔反对领养，支持孤儿院和监狱。在他看来，任何人都不会把自己的孩子送去领养院，除非那个孩子有问题——用他的话说，就是"太丑或者是个白痴"。

按照他的思维方式，我们领养到的孩子极可能又丑又白痴。

幸运的是，在他有生之年，他不得不收回前言，因为上帝赐予了我们芮根和卡森，我们觉得这两个小宝贝是那么完美无瑕，仿佛他们一直躺在伊甸园带露的树叶下面，静静地等待着，注定要成为我们的孩子。

爸爸从未打电话给他们，也没来看过他们（这方面他倒是一直坚持到底）。但是我们会带孩子们去看他，孩子们非常爱他，由衷地尊敬他。

亚伯
涟漪效应

虽然用了很多年，但艾米丽·亚历山大终究还是学会了永不言弃。我们是从蔓蒂·埃尔莫尔那里得知艾米丽和她的丈夫穆迪的故事的。蔓蒂是艾米丽和穆迪的朋友，她也是《世界上的另一个你》的忠实读者（蔓蒂也有自己的故事，本书后面会提及，请参见《祝福储钱罐》）。

亚历山大夫妇就住在得州阿灵顿市，离我们家不远。他们结婚十五年，刻意控制家庭规模。他们的大儿子希尔今年十三岁，二儿子维克十一岁，大女儿艾弗里十岁，最小的是伊莎贝尔，今年七岁，他们都叫她伊西。

这就是他们一家。

如果有人问艾米丽是不是不想再要孩子了，她不会仅仅说是，她会说："够了，够了，够了！四个就够了！"

穆迪说："那时我们对自己这么大小的家庭很满意，我们觉得心满意足。"并说当时他已经进行了绝育手术。

不过，艾米丽之前也说她绝不会在家教育孩子——但是希尔六岁的时候，她就开始对他进行家庭教育。"主的旨意总是与我们的计划相差甚远。"艾米丽说。

2007 年年初，艾米丽读了《世界上的另一个你》，之后将其推荐给她的丈夫穆迪。两人都感到一种艾米丽所说的"悸动",他们不再满足于现状。"我记得那时我打电话给我姐姐,告诉她,当我的生命到了尽头,却发现原来自己可以做得更多,带来更多改变,但是自己当初没有去做,也许我会悔恨不已。"

艾米丽和穆迪开始祈祷,寻找可以创造不同、提供帮助的地方。"我当时想,也许可以开车沿路而下,到沃思堡的联合福音慈善机构去帮忙。"艾米丽说。

亚历山大夫妇没有想到,答案就在自家的屋檐下。

亚历山大家的孩子们一直不同意父母的意见,他们不觉得四个孩子就够了。多年来,他们吵着想再要几个兄弟姐妹,他们提醒艾米丽和穆迪,如果家里有个小宝宝会带来很多**乐趣**。尤其是艾弗里,她无比喜爱小宝宝,并希望自己能拥有一个,好好照顾他。即使穆迪做了绝育手术,也阻止不了亚历山大家孩子们的决心,他们经常游说父母去领养孩子。

2007年下半年,艾米丽大学的一位朋友克莉丝汀去赞比亚进行夏季宣教。亚历山大夫妇一方面很为他们的朋友感到激动,另一方面也想借此机会寻找生命中更大的目标,所以他们坐下来观看了有关此次宣教之旅的DVD。录像中拍摄的都是黑皮肤、巧克力色眼睛的孩子,他们都有着天使般的脸庞,却没有父母。克莉丝汀即将去一家孤儿院工作。

小伊莎贝尔立马大声说:"我们为什么不带一个这样的孩子

来我们家？"

"不行，"艾米丽告诉她，"我们的家庭已经够大了。"

孩子们说，他们的一些朋友家就收养了非洲儿童。

"嗯，他们真的很棒，"艾米丽微笑着说，"但是我觉得，上帝不想让我们家也收养非洲儿童。"

然后，大儿子希尔对他妈妈说："那么你能为此祈祷吗？"

你除了答应，还能说什么呢？

种种因素和事件——孩子们的渴望，他们自己看到非洲儿童生存状态时内心的悸动，以及他们想要寻求生命更大目标的愿望——促使亚历山大夫妇毅然决定领养。通过简单的调查，他们发现，虽然非洲有两千五百万孤儿，但仅有埃塞俄比亚和为数不多的几个国家允许跨国领养。而且大多数情况下，要想领养埃塞俄比亚儿童，必须同时领养两个、三个或者四个。因为政府的政策规定，兄弟姐妹不能分开领养。

所以事情就这么定了。亚历山大夫妇要申请领养一个埃塞俄比亚孩子——不是一个，而是两个。

"其实我们觉得领养两个孩子还挺不错，"穆迪谈及要收养的孩子时，说希望他们能够成为家庭的一部分，他说，"我们觉得这样会有助于被收养的孩子更好地过渡。而且，我们的孩子也拿不定主意是要领养个小弟弟还是小妹妹！"

所以，艾米丽和穆迪申请领养一对一到五岁的兄妹。

亚历山大夫妇开始为 2008 年夏天全家的埃塞俄比亚之旅攒钱，孩子们都喜出望外。不过，当时八岁的艾弗里才不会因为父母或埃塞俄比亚政府的决定，就接受自己只会多一对小弟弟和小妹妹。她想要的是一个**宝宝**。

　　宝——宝。

　　某一天，艾弗瑞正在用奶瓶给一个名叫塞拉斯的小男孩喂奶，这个小宝宝是亚历山大家的一对夫妇朋友领养的。艾弗瑞突然哭了起来。她告诉艾米丽，她想要一个非洲**宝宝**，而不是一个已经开始蹒跚学步的婴孩，更不是一个即将成为大孩子的儿童。

　　但是，艾米丽不想让艾弗瑞存有任幻想。"我不断提醒她，我们不可能被选中领养婴儿，"艾米丽回忆说，"我很清楚我们在候选名单中的位置，我知道我们前面有几个家庭明确申请要领养婴儿。"

　　艾米丽轻轻地告诉艾弗瑞不要抱太大希望。

　　艾弗瑞转身离去，然后回过头来对艾米丽说："那么，我可以**祈祷**上帝赐给我一个宝宝。"

　　2008 年 5 月，亚历山大一家接到一个震惊的消息。埃塞俄比亚的儿童领养机关批准他们领养一个两个月大的男婴。

　　"这就是你祈祷上帝赐给你的宝宝。"艾米丽一边说一边把宝宝放在艾弗瑞的怀里。

　　亚历山大一家的故事并没有到此结束。他们悉心照料亚伯几个星期后，发现这个婴儿似乎发育迟缓。他还不会坐，无法控制自己的头部，而且无法完成同龄婴儿普遍会做的一些动作。起初亚历山大夫妇把问题归咎于缺乏基本的营养，但是不久之后他们怀疑情况可能更严重。

经过一系列医疗检查，医生给出了诊断结果。看来亚伯在子宫内经受过几次撞击，患有一种脑瘫。更糟的是，他的大脑缺失整个前额叶。

"拿到亚伯诊断书的那天，我们悲痛欲绝。"艾米丽回忆说。她和穆迪拼命地工作，好让自己的大脑不去想最坏的情况。尽管如此，艾米丽仍然为某种意义上的梦想破碎感到悲痛。

但是，小艾弗瑞以一种全新的方式托起了这个梦。她花了几个小时，用画纸和胶水做了一张拼贴画，上面贴满了她小弟弟的照片，主要是艾弗瑞和亚伯的合照。而且，她还煞费苦心地将杂志头条上的字母一个个剪下来，拼成了她的小小美术品：

为了这个我祈祷来的孩子

艾米丽看到艾弗瑞的作品时，大声地念出了标题——"为了这个我祈祷来的孩子"，然后她意识到亚伯来到这个家绝非偶然，也不是梦碎。

"拿到他的诊断书之后不久，我就像世界上每一个母亲一样意识到：上帝选择了我做亚伯的妈妈，"艾米丽回忆说，"上帝赐予我无比的耐心。比如，如果亚伯不睡觉，我也不睡。不过，那些我们一度觉得是大问题的事情，现在已不再是什么大不了的事情。亚伯用最完美的方式简化了我们的生活。"

如果亚伯一直留在埃塞俄比亚，他可能不会存活下来。但是在美国，他的情况有了很大好转，连神经学家都说，亚伯简直是挑战了现代医学。亚伯的大脑额叶似乎有了一些反应。

"他极其警觉，"艾米丽说，"他会用眼神交流，能很好地通过脸部识别不同的人，而且他可以听到声音，还能用言语表达。"

一位医生告诉亚历山大夫妇："如果不是看过亚伯的核磁共振成像，我真看不出来他是患有这种病的孩子。"

2009年4月，亚伯接受一系列临床疗法期间，他已经能够移动左腿和左手了，这创造了新的神经连接，也向他惊讶的家人证明了上帝与他同在。

"（亚伯）非常坚定，远非他努力扮的鬼脸那样悲惨。"艾米丽在他们的家庭博客上写道，"继续祈祷——我们**看到**上帝每天都与我们同在。"

每个人都会说亚伯很幸运，能有亚历山大这样的家庭收养他。艾米丽却说："能有亚伯这个孩子，我们家感到更幸运。他只有十四个月大，却是我们的老师。有时只是张开手掌就需要巨大的努力和精力，但是亚伯在治疗中表现很刻苦，其他几个孩子都看到了他的决心。他那一点点微弱的光散发出很大的热量，给我们的内心带来了无以言表的欢欣。"

　　亚历山大夫妇很喜欢讨论领养亚伯带来的"涟漪效应"。就像在池塘里投下一个小石块,它让一路同行的人无论在身体上还是精神上都团结起来。因为亚伯,亚历山大家的孩子们学会了更加坚定地、更加明确地祈祷,并将这一经验传授给其他人。他们家朋友的儿子,一个名叫耶利米的小男孩,打电话说他家附近有一棵冬天绽放红花的树,总让他想起亚伯。耶利米每天上学路过这棵树的时候,都会为亚伯祈祷。2009 年 5 月,亚历山大夫妇收到朋友的一封电子邮件,说他们见到亚伯和他的新家庭后,也决定收养一个孩子。当月,亚历山大夫妇完成了领养第二个埃塞俄比亚孩子的手续。

What difference do it make?

6. _____

朗

　　每隔几个月，我和黛博拉会带爸爸妈妈去高级餐厅吃饭。一进餐厅，看到名女服务员，爸爸就会抓过来，也不管她是不是为我们服务的，大声对她说："宝贝儿，什么都别做，先给我来点威士忌，占边威士忌加可乐，不要太多可乐！"

　　我记得一天晚上在一家餐厅里，我厌倦了他对妈妈如此不尊重，就在脸上写满了厌恶。他回头看看我，满脸困惑，仿佛我是从陌生世界来的外星人。

　　"你就这么讨厌喝酒吗？"他问，以为这就是引起我厌恶感的原因。

"没有，爸爸。我自己有时候也会喝点。"

"那你为何不跟你老爹一起喝呢？你觉得自己酒量太好了？"

我从不让他见到我喝一口酒。有那么几年，我甚至戒了酒。那时正上高中的卡森几乎是个完美的孩子，有一次却喝得醉醺醺的从学校回来，拿着从卡那库克训练营得来的船桨把自己的房间砸得一片狼藉。自那之后，我就戒了酒。等我确定自己对酒精没有了渴望，我就允许自己在丰盛的大餐上小啜一点。

1975 年，我在沃思堡做投行工作的时候，做成了第一笔艺术品交易。很快我就骄傲自大起来。1986 年，我们决定搬到达拉斯，以便我能更好地开展业务，并能真正地被艺术界的精英所接受。

从那时开始，我和黛博拉之间就有了隔阂。我在艺术的世界里拼搏，收藏一衣柜的阿玛尼西装和用各种兽皮纯手工制作的定制皮靴；而黛博拉开始了她的信仰之旅，开始追求一种充满热情的精神生活，她照顾患有艾滋病的孩子，一连好几个小时跪在地上祈祷。

这些日子对黛博拉来说很孤独。在达拉斯，她很难找到朋友愿意跟她一起冒险深入精神的海洋，大部分人（包括我）只乐意在岸边看着。有些人偶尔会鼓起勇气走到浅水区，但是大部分人走到水没头顶的地方就害怕了。

我们刚搬到达拉斯的时候，黛博拉要为我们的孩子芮根和卡森以及他们学校的同学和老师祈福，所以她发起一个每周祷告小组，邀请卡森所在年级所有学生的妈妈参加。我犹记得当黛博拉看到附近街区的几位妈妈接到邀请却不愿意参加的时候，她是多么困惑。很多时候，根本就没人来参加。

"他们为什么都**不**愿意为自己的孩子祈福呢？"有一天，她这么问我。

后来，我听说很多人因黛博拉与上帝的亲密关系而感到有些惧怕。他们尤其惧怕的是，她竟然邀请他们跟她一起去做世界上最可怕的事情：跟她一起**大声**祈祷。

说实在话，我也害怕跟她一起祈祷。黛博拉祈祷的时候充满激情——不是像狂热的教徒那样胡言乱语，而是了解与天父相关的一切，就好像天父是她的父亲，而她是天父的宠儿。她祈祷的时候从不停顿或磕巴，话语自由流畅，如同一首赞美诗或十四行诗。如果把她的祷告词在画布上展开，一定会是一幅鲁本斯或米开朗琪罗那样的名作。但她的祷告不是那么**有技巧**，尽管她希望能打动上帝。她只是提醒上帝不要忘记他在经文里许下的诺言，她异常虔诚，如同轻轻地扯着他的衣领，提醒他要进行某项特定的计划。

黛博拉的祈祷深沉、浓烈而又美丽，如同她已经勇敢地走进神圣之光的中心，其他人却只敢远远地观望。起初，这让我很恼火。好像她的精神如此脱俗，她已经不再真实，不再现实。我终于明白为何那些妈妈不愿来参加祈祷，我甚至暗暗希望自己也可以不参加。

不久之后，黛博拉和我越来越远，我开始寻找出路。她能确定我爱艺术品、爱钱，但是不确定我是否还爱她。我知道她爱上帝，爱孩子，同样知道，她哪怕看我一眼也会觉得难受。所以到1988年，当我在贝弗利山庄与一位漂亮的金发女画家共享美酒的时候，我为自己找了一大堆借口，然后去酒店开了房间。

后来一个朋友威胁说要去告密，我就向黛博拉坦白了。黛博拉和我去做了婚姻咨询，并原谅了我。她还告诉我一个关于女人内心的真相，我希望能够将它文在每个已婚男人的眼皮上："我知道你是个艺术品交易商，你热爱大牧场，热爱马匹，热爱长角的小公牛，热爱昂贵的名车。但是我不知道你心中所想的是什么。你看着我、抱着我的时候在想些什么。哪怕你想的是你已经不再爱我，我也可以接受。但我接受不了的是我不懂你的心。"

毫无疑问，这番话把我吓坏了。每个男人读了这段话都知道，男人的心是个非常危险的地方，即使是自己在里面也感觉不到安全。但是我知道，我渴望在肉体上了解我的妻子，与她亲近，而她渴望能在感情上和精神上与我亲近。忽然，我明白了对我来说，性爱很重要，而对她来说，**了解**我、**感知**我的内心世界同样重要。

从那时起，我和黛博拉就开始一起祈祷，通常是一起躺在床上祈祷。我会搂着她，这样她就可以因着我的祈祷而了解我的心。起初，我会祈祷一些我以为她希望我祈祷的事情：我们的婚姻、我们的孩子，以及诸如"主啊，我们只是因为您而感谢您"之类的祈祷。有时候，我们这样祈祷只是因为这些话听上去超越世俗。但是慢慢地，我渐渐脱去那个阻止外人（甚至是我自己的妻子）闯入我内心的面具。

我大声地告诉上帝，我害怕的是我妻子超强的灵性。我坦白地告诉他，我憎恨她与上帝的关系。我觉得，她爱上帝超过爱我。那个时候大声说这样的话，这个时候又写出来，似乎很愚蠢。但是这些对我是真实的存在，而且这些话的效果立竿见影。我和黛博拉开始建立一种深层次的精神联系，如同一条闭合电路一样，从彼此身上汲取能量和生命。

黛博拉总是能理解我祈祷的企图，但是她从不为此嘲笑我。我喜欢听她说关于我的一些好话，这让我想变得更好。同时，她也开始调整自己的生活，在不需要牺牲她的信仰和忠诚的情况下，就可以让我觉得自己很重要。

结果，我们一起祈祷成了我们婚姻成功的关键。从那开始，我们变得亲密无间——"心与心紧紧地贴在一起"，我们曾经开玩笑说。然而讽刺的是，这正是我从一开始就想要的。我只是不知道如何得到。其间，我们祈祷时的亲密关系让我们在身体上无比亲近，从而感到深深的快乐。

在我们婚姻的最后十二年中，曾有人问我："你们的秘密是什么？你们两个有什么秘密武器？"

我半开玩笑地回答说："我以前曾跪下来乞求性爱。现在，我跪下来跟我妻子一起祈祷。"

7. <u>   </u>

丹佛

　　然后就到了20世纪60年代。我在农庄工作那么多年，主子从来没跟我说过有黑人学校让我可以去读书，也没说过我可以学一门手艺。他没跟我说我可以从军，慢慢升官，给自己赚点钱和赢得一些自尊。我不知道有第二次世界大战或越战。我也不知道全路易斯安那州的黑人多年来一直在争取更好的待遇。

　　我不知道自己跟别人不同……

　　我知道外面还有其他地方，我听说我哥哥瑟曼在加州攒了不少钱。于是某一天，我决定去找他。我没考虑太多，就走到铁轨旁，等火车开来。有个流浪汉也在铁轨附近，他已经搭火车旅行多年。他说，他会告诉我哪一列火车是去加州的。

　　我在沃思堡沦落为无家可归的人的时候，大概二十七八岁。

　　小孩子喜欢说："只有同类才最了解彼此！"所以你若想了解无家

可归者的生活，只要问我就行了，因为我曾很多年一直无家可归。

无家可归的原因只有一个：一些人无家可归只是因为他们太懒。我不想恶语中伤任何人，然而事实原本如此。

然而，大部分人无家可归是因为不管他们如何努力，结果都不尽如人意。也许某一天你找到一份搬运的工作，赚了二三十美元。但是这二三十美元够做什么呢？也许够你付一个晚上的房钱，或者吃一顿不错的晚饭。但是第二天呢？

你是否曾失去过自己在乎的人或东西？你爱之心切的人或东西？我想说的是——如果你曾失去过，你就会明白这些无法轻易忘记。

就像我无法摆脱的痛苦：当我眼睁睁看着我的祖母大妈妈在她的小屋里被大火烧死，当那个人从树丛里跑出来把我爸爸捅死，当一直照顾我的艾莎阿姨生病而死。而经历这些的时候，我还只是个小男孩。

很多无家可归的人也经受过这样的伤痛。这种伤痛一直缠绕着你，就像流浪狗不停地嗅着骨头。你永远无法摆脱，除非你扔掉那根骨头。

过去我一直相信耶稣。

大部分在街上流浪的人都知道耶稣爱他们。但是他们也明白，**除了**耶稣再没有**其他人**爱他们了。

他们听过的布道远比大多数布道者宣讲的要多。很多好心人过来对我们大讲特讲耶稣这个、耶稣那个。跟我们讲上帝是一回事……但是有谁曾停留片刻，并向我们**展示**耶稣的存在？其实传递善心并不只是牧师的职责，而是我们所有人的职责。耶稣把门徒两个两个地派遣出去，他并没有跟他们一起去，而是低调地退到后面，也许他还给自己泡了一杯咖啡。

听着：耶稣将门徒派遣**出去**。约翰、马可和拿但业他们**走进**村庄。我无家可归的时候，无法理解为何这些人总是邀请我**去**一些我不愿去的地方。他们过来递给我一张字条，告诉我：“耶稣爱你！来与我们相交吧！”他们心肠很好，只是想向我展示上帝的爱。可是他们似乎不明白，这并不是那么容易。

首先，邀请我的人都面带微笑、衣着整洁，我却衣衫褴褛、肮脏不堪。而且，他们大多是白人，而我是咖啡豆颜色的黑人。我这个样子的人才不会去他们的教堂。

其次，我应该把我的袋子放在哪里？里面可是有我所有的财产，我的毯子、香皂、半品脱酒，等等。也许东西不多，但是我绝不会放在大街上，因为其他人都等着瓜分我的财产呢。我敢肯定，教堂没有可以寄存行李的地方。

他们会说一句“愿上帝保佑你！”然后给我一张字条，提醒我教堂的地址。显然他们不知道我不识字。

我们不必非要拖无家可归的人或其他需要帮助的人去“一些节目”或“宗教活动”。他们只是需要人而已。

而且这些需要帮助的人也并不需要完美的人来帮他们。耶稣派遣门徒出去传道的时候，他明知道彼得脾气很坏，满嘴污言秽语，还会三次不认主，却还是继续派遣他出去。他派遣约翰和雅各出去，尽管他们满怀傲气，还为最好的座位争吵。他甚至还派遣了犹大，尽管明知犹大会背叛自己。耶稣知道所有门徒的罪和软弱，但还是派遣他们去传道。

所以，如果恶魔不再来招惹你，说明他已经捉到了你。如果你要等到自己的生活过得顺顺当当了才出去帮助别人，那你就只有脱掉鞋子爬回床上睡觉了，因为生活永远不可能顺顺当当。耶稣不需要完美的圣人来帮他。不然，他就不会远在天国而让我们凡人掌管地上的一切了。

阿什莉
用心倾听

2004 年，马特·麦克尼利和阿什莉·麦克尼利的婚姻步了我和黛博拉的后尘——麻烦重重、陷入困境。那时，二十七岁的马特嗜酒成性，这对他们的婚姻造成了很大伤害。当时他们的女儿只有十八个月大，二十七岁的阿什莉拼命维护摇摇欲坠的婚姻，将自己的期望放得低之又低。她只希望马特保持忠诚并能清醒起来。

"一旦上帝助我脱离困境，他就会助我更多。"阿什莉说。

马特不仅清醒起来，还开始在麦克尼利家附近的教堂负责"欢庆更新"课程。这家教堂名为弯树圣经团契会，位于得州达拉斯郊区的卡罗尔顿市。麦克尼利夫妇相互信守承诺，追求信仰，他们的婚姻越来越牢固。

在姐夫乔希的不断推荐下，阿什莉读了《世界上的另一个你》，她觉得自己与黛博拉志趣相投，这两个女人都毅然决定去迎接婚姻中的狂风暴雨，而不是丢船放弃，然后在狂风暴雨之后，她们发现水面一片平静祥和。然而，这本书也让阿什莉看到自己生命中的空白。

她的婚姻很顺利，事业也蒸蒸日上。她跟姐姐杰西·伊德一起创办了智慧女神咨询公司，公司虽小却很成功，主要提供市场营销和传播咨询服务。不过，她又怎样帮助那些饥饿的人、无家可归的人和心灵受伤的人呢？

"我告诉我的家人，我们要**参与其中**。"她说，"我们要创造不同！可我们现在**什么**都没做。"

经过乔希的热情帮助和菲尼克斯市一位叔叔的介绍，阿什莉了解到一个名为"开桌服务"的非营利项目。这个项目是由一群来自亚利桑那州斯科茨代尔一家教堂的年轻人创办的，他们与青年组织一起在当地一家游民庇护所服务。这群年轻人意识到，他们在庇护所的工作并不能有效帮助打破无家可归的恶性循环。所以他们成立了后来被称为"开桌服务"的组织，为个人或家庭提供指导或生活顾问，帮他们一步步实现经济稳定，制订整体计划，从而重新开始生活。

"通过不间断管理过程，这些目标得以实现，"开桌服务网站上说，"同时利用各种资源，包括集会、个人关系网和其他开桌服务团体已有的解决方案。"阿什莉听说，菲尼克斯市的官员对开桌服务组织表示支持，并赞扬他们采用的方法是解决无家可归问题的"最佳措施"。

不间断管理过程？

最佳措施？

对阿什莉和杰西来说，通过精心策划的商业模式来解决社会问题似乎最合适不过。姐妹俩决定在达拉斯地区发起开桌服务活动，一开始一切顺利，她们制订了商业计划、营销计划和计划书。她们聘请了一位颇具影响力的顾问，与达拉斯市政府建立了很好的联系，并会见了开桌服务的总裁乔恩·卡托福。

阿什莉曾参与过威瑞森通讯公司的善因营销项目，具有非营利机构方面的经验。她认识几家基金会的董事会成员，她确信自己可以轻而易举地利用这些关系。"我当时觉得，**自己曾做过类似的事情。钱会自动掉到我们怀里，根本不会有任何问题**。"

然而现实并非如此。

起初，阿什莉联系的每一家慈善机构都很热情地表示他们很乐意提供支持。但2008年下半年的经济衰退给非营利机构造成很大影响，他们的热情并没有转化成美元。阿什莉曾希望能帮她们成立"开桌服务"的董事会成员，逐个宣告计划失败。没有钱支付营销活动和其他商业计划，阿什莉和杰西只好将项目搁置。

"没能做成此事，我当时非常失落。"阿什莉记忆犹新。然而同时她如同醍醐灌顶，想到了一种新的实践方案。"我们之前一直在用商业模式推动整个开桌服务计划。我们掌握了所有相关数据、经济形势和人口统计。我们可以随便说出有关无家可归者的各种数据，但是我们没有用心去了解。"

阿什莉说，很显然，当时自己、杰西和她们召集到的人花了很多时间**谈论**如何在自己的社区里做善事，却从未真正去**做**任何事。"我们未曾与需要帮助的人相处过一分钟。最后我们决定，**直接做起来——谋事在人，成事在天**。"

她们的第一站就是联合福音慈善机构，我和黛博拉第一次见到丹佛的地方。阿什莉在志愿协调员保罗的陪同下参观了整个机构。阿什莉告诉保罗，弯树圣经团契会也想参与进来。

"你们什么地方需要帮助？"阿什莉问。

"我们非常需要有人来主持儿童礼拜。"保罗回答说。他注意到联合福音慈善机构注重信仰复苏，并要求成人项目成员参加礼拜。但对于无家可归的父母来说，他们往往无法从中获得什么，因为他们不得不分心去看管自己的孩子。

"如果这就是你们需要帮助的地方，让我们来做好了。"阿什莉说。

"您能带来多少位志愿者？"保罗问。

在那一刻，阿什莉没有想什么商业计划/PPT/行动步骤，只是跳起来含着笑说："我不知道。不过我可以保证，我丈夫、我姐夫、我姐姐和我父母都会参加。"

从那时起，每个月里总有一个周六，弯树圣经团契会成员会为五到十四岁的孩子举行儿童礼拜。阿什莉说，最吸引人的是，志愿者们会把自己的孩子带过来，不是过来服务，而是参与到礼拜中——跟无家可归的孩子一起，并肩唱歌，做手工，学习《圣经》里的故事。"我们希望这样可以稍微扩展我们自己孩子的世界。"

到 2009 年 6 月，弯树圣经团契会召集了越来越多的志愿者，一个月中的某个周六，联合福音慈善机构终于可以开办托儿所来照顾五岁以下的儿童。"志愿者不断地拥进来，协调员都说：我们从未有过这么多志愿者！"

阿什莉之前虽未制订什么计划，但她非常高兴，微笑着说："看，我们做到了！"

当初阿什莉为开办"开桌服务"进行调研的时候，了解到关于无家可归者的所有**度量指标**——比如，有多少人无家可归，他们无家可归的原因是什么。

"但我没意识到这些人也有**他们自己的故事**，也没有意识到我们每个人、所有人都可以很快做到。了解这些的唯一方法就是参与其中——去见他们，了解他们，倾听他们内心的声音。"阿什莉说。

阿什莉和杰西经常讨论的一点是：一旦你参与其中，你眼睁睁看着这些无家可归的人，你了解到你的城市里有成百上千的孩子晚上睡觉的时候上无片瓦挡风遮雨，你必须做出选择，是有所作为还是刻意避开。

"你无法回避，你必须做出抉择，"阿什莉说，"我和姐姐觉得我们所做的微乎其微，也远远不够。但这是个美好的开始。"

What difference do it make?

第二部分

黛博拉离开了我

8. _____

丹佛

1998 年，厌倦了帕克市和达拉斯的激烈竞争，我们回到沃思堡。我们搬去沃思堡才几天，黛博拉就在《星电报》上读到一篇关于城市里游民的报道，文章里提到一个地方叫"联合福音慈善机构"。当时，黛博拉心里有个声音不断跟她说，那里也许是她安身的地方。

"我希望你能跟我一起去。"她说，边笑边歪头的模样令人完全难以抗拒，有时我觉得，她应该将此拿去注册专利。

机构在东兰卡斯特街，那是城里一个危险的区域。得州的谋杀率虽然在下降，但我肯定，任何还在从事谋杀的人大概都还住在那儿附近。

我也回她一个笑："当然好啊。"

但我偷偷盼望，等她真的跟那些抢过我艺廊的肮脏乞丐打过交道之后，就会发现在东兰卡斯特街当义工太可怕，也太真实……

按道理，我应该没笨到这么想才对……

那天晚上，她又梦到联合福音……这次是梦到某个人。

"就像《传道书》里的篇章，"隔天早上早餐时，她跟我说，"一个智者改变了城市。我看到他了……我看见了他的脸。"

我犹记得朗先生和黛比小姐初来慈善机构时的情景。他们衣着光鲜——虽不华贵但很漂亮，以至于我们中的很多人都在猜测，朗先生是不是法律人士。

有趣的是，他们第一次来是周二，此后每个周二他们都会来，从未间断。那时我们已经习惯一些人偶尔过来，或者只在节日出现，比如感恩节或圣诞节。这也没什么，只是会让无家可归的人觉得他们也不是什么特别的人，只会在特别的日子出现。

我无法责怪他们只在节假日过来，因为他们也要工作，只有在节假日或周末才有空。我也不能对此有所微词，因为我知道，大部分人都已经尽力了。当然，如果有些人情况并非如此，那他们就需要好好想想了。

这些人让我很抓狂。我不明白，为何他们一年到头只会在感恩节、圣诞节或者复活节才能想起去帮助别人。就好像节日的灯亮了，他们脑海中的牌子也亮了，上面写着"感恩节到了，我该侍奉上帝了"或者"圣诞节到了，我该侍奉上帝了"。

感恩节和圣诞节之外的日子呢？不是感恩节就没有人挨饿了吗？不是圣诞节他们就不需要鞋子了吗？上帝珍视我们每天的所作所为，不仅仅在特殊的日子或特殊的时刻。你为上帝所做的每一件事都是特别的、值得珍视的。

但是当你向他人伸出援手，尤其向那些需要帮助的人伸出援手的时候，你要扪心自问——你这么做是为了上帝，还是为了你自己？只有无所企图，你才能坚持做下去。如果你在这里服务，只是想得到一些东西——比如想让朋友觉得你很高尚，或者你一年来从未为他人做过什么，到了节日感到内疚——那么你就不是无所企图，而是有所企图。如果你只是想得到某种东西，那你就已经得到了。上帝不会再给你额外的收获。

不要为你所做的事情而扬扬自得。不要让你的右手知晓左手所做的。如果你想寻求尊严、声望或者荣光，那你就是在寻求烦恼。我们要撇开自己的尊严骄傲，一心一意完成上帝的事务。

我无法获悉上帝的心思，但是我知道他的一项要求就是让一些人每天都过圣诞节。如果所有的基督徒——我是说所有人——每周日能从教堂的长凳上下来，到街上去帮助别人，那么我们就可以关闭整个城市了。

我们就可以摈弃饥饿。

我们就可以摈弃孤独。

我们就可以摈弃旧有的观念，不要觉得一些人不配得到我们和善的话语，而要给予他们第二次机会。

What difference do it make?

9. _____

朗

"是谁干的？我要杀了他！"他大吼，"谁偷了我的鞋，我要杀了他！"然后，他骂了一连串脏话，冲进人群里，任何一个笨得挡了路的人都中了他的拳……

"我想，你应该试着跟他做朋友。"

"我？！"我的眼睛因为不敢置信而瞪大，"你有没有发现，你希望我跟他做朋友的那个人，刚刚威胁要杀掉二十个人？"

黛博拉把手放在我的肩膀上，歪头微笑："我真的觉得上帝告诉我，你应该试着对他伸出你的手。"

"抱歉，"我说，尽量不去看她歪头，"你跟上帝开会时，我不在场。"

我与丹佛在慈善机构建立起不大可能的友谊后，我们之间有个协议。我会带他去见识乡村俱乐部，他则带我去了解社区。当初黛博拉非要拉我去机构服务的时候，我最大的担心是染上什么疾病，甚或是令人毛骨悚然的传染病。但不久，我内心对机构的感觉柔和起来，我居然开始跟丹佛一起来到大街上，去接触那些无家可归的人。

然而，尽管我做了这许多好事，我依然是个妄下评判的可耻的人。我多希望自己在"内心深处"是个妄下评判的可耻的人，但实际上只是流于表面。

我记得有那么一天，我和丹佛走在机构附近的街上。我带了大概几百美元的现金，我会找人闲谈，问问他们的情况，然后给他们几美元，并祝福他们。

"祝福"无家可归的人和"帮助"无家可归的人完全是两码事，将二者区分开来非常重要。我曾以为给他们一顿饭吃或给他们几件衣服就是帮助他们，但后来发现，我多半只是在帮我自己，让自己觉得温暖、柔和、乐善好施。

诚然，对无家可归的人来说，看到有人关心他们就是一种"祝福"。但是若要真心想帮助他们，你就要下到坑里，跟他们待在一起，直到他们恢复了力气，踩着你的肩膀爬出坑去。帮助别人就是要找到帮助他们变得完整的途径，并陪伴他们做出改变。

所以当我和丹佛走在沃思堡的大街上，我的目的是要给人们带去祝福，是要停下来跟那些我曾特意走到马路对面而**避开**的人谈谈话，面带灿烂的微笑，心存仁慈博爱。

那是个萧瑟的秋日午后，我们走在回机构的路上。我像圣诞老人一样几乎将身上所有的钱散尽。只剩下一张 20 美元的钞票。我们拐过一个路口，迎面见到一个西班牙人，看上去醉醺醺的，似乎一张嘴就可以做油炸冰激凌。他大概五十岁，但看上去有七十岁，两只手很粗糙，古铜色的皮肤布满皱纹，像一只被揉作一团的杂货袋。他穿着脏兮兮的牛仔裤和破旧的红格子法兰绒上衣。他用力地靠在街边仓库的砖墙上，不知道是要努力让自己站稳，还是要顶住墙不让它倒下来。

由于我对街上的一切尚不了解，我脸上挂着笑容。丹佛站在我的身后，我问那个西班牙人："今天我能为你做点什么？"

那个人试图抬头看着我，一道口水顺着他的嘴角流了下来。"我需要一些钱。"他含混不清地说，带有浓重的西班牙口音。

我没有听明白他说的话，让他再说一遍。

"他说他需要一些钱。"丹佛在我身后说。

我才不会给一个醉鬼 20 美元，看着那个西班牙人的口水流到下巴时，我在想。我笑了笑，伸手到裤兜里，看有没有零钱。

却没有找到。我抽出那张 20 美元，悄悄地给丹佛看了看。我朝后瞥了一眼这位我在社区的导师，试图用眼神告诉他：**我只剩下 20 美元了，如果都给了他，他只会跑到酒馆买更多酒喝！**

丹佛突然靠过来，嘴巴对着我的耳朵小声地说："不要以貌取人。把那 20 美元给他好了。"

我很不情愿地把钱递过去，那个人接下了。这时，口水从他的下巴滴下来，落在人行道上。

"谢谢你。"他说。

我一直在微笑，但我的笑容很勉强、很虚假。我觉得就好像有个人要跳楼自杀，而我推了他一把。

丹佛和我向那个人道别，然后朝去往机构的大街走去。我们刚走出二三十米，丹佛停了下来，转过身来看着我："朗先生，我要告诉你一件事。"

我停下脚步，面对着他。他用我已经很熟悉的方式看着我，一只眼睛盯着我，另一只眼睛像克林特·伊斯特伍德那样眯着。"你刚才给他钱的那个人，名叫何塞。他没有喝醉，只是中风了。他是我见过的工作最努力的人之一。"

接着丹佛告诉我，在中风之前，何塞是个砖瓦匠，也做过石匠，他工作非常努力，生活很简朴，把所有的钱都寄回墨西哥，维持一家人的生活。

"他从未喝过酒，朗先生，"丹佛说，"他要依靠您这样的人才有口饭吃。"

我一下子就想起了黛博拉。自我们踏进慈善机构的那一刻起，她的眼睛就看穿了破烂的衣服、身上的疤痕、灰尘和难闻的气味。就好像上帝给了她一双具有 X 射线能力的眼睛，可以穿透这一切看到人们的内心。

她从不会问："你怎么会变成这样？"她的想法是，如果你是否提供帮助的根据是那些需要帮助的人是如何沦落到如此境地的，那你大概帮不了多少人。黛博拉只会问他们："你**现在**需要什么？"

丹佛完成了对我的裁决，并给我下了最后的结论。他依然用一只眼睛盯着我，说："你知道你刚才做了什么吗？你在不了解一个人内心的情况下，就妄下结论。我要告诉你，如果你想继续跟我走在这些大街上，你就要学会如何帮助别人而不去评判他们。就让上帝来评判吧。"

丹佛这番关于评判的话语让我想起了著名画家文森特·凡·高写给弟弟提奥的一封信。那封信是关于懒散的，关于人们是否可以真正地看清一个表面懒惰——或醉醺醺或贫穷——的人，并做出正确的评判：

有时候……（一个人的）存在总是有他存在的道理，只是这道理并非显而易见……有人徘徊良久，如同一叶小舟在波涛汹涌的大海上摇来晃去，但最终还是会到达彼岸。有人似乎一无是处，做不了任何事情，最终却可以找到一份自己完全可以胜任的工作，证明自己并非最初人们看到的那副模样……

如果你能从我身上看出，除了游手好闲以外的其他东西，我将会非常高兴。因为游手好闲有两种完全不同的情况。有人是由于懒惰，由于缺乏性格，由于天性卑劣而游手好闲。你可以把我归为这一类人。可是还有另一种游手好闲的人，并非出于自愿。他内心极度渴望自己能做些什么，却无法做到，因为他被束缚住了手脚，被囚禁在某个地方，因为他缺乏做事情所需的一切，因为恶劣的环境强行终止了一切可能。这样的人往往不知道自己能做什么，然而他凭本能可以感觉到，天生我材必有用！我的存在肯定是有道理的！我知道自己可以成为一个完全不同的人！我怎么才能发挥作用，我怎么才能对他人有帮助？我内心有某种东西，然而这是什么东西呢？这种人就是另一种游手好闲，你也可以把我归为这类人。

春天，笼子里的鸟儿完全清楚自己有能力做些事情。他知道自己应该做些什么，只是他做不了……路过的鸟儿会说："真是个懒鬼"——真是个懒鬼……然而大迁徙的季节到来后，饥饿来袭，其他鸟儿都飞走了。而他拥有一切，比如那些照顾他的孩子——可他望着外面雷雨交加的阴沉天空，内心深处反抗着自己的命运。我被囚禁在笼子里，我被囚禁在笼子里，可你们却说我什么都不缺，你们这些白痴！我确实拥有一切！啊！请还我自由，让我像其他鸟儿一样自由飞翔！

有些游手好闲的人就如同这些鸟儿。而人类往往无能为力，因为囚禁他们的是一种非常非常可怕的牢笼……

被正当或不正当地败坏了名誉、贫困、恶劣的环境、不幸的遭遇——这些都会把人变为囚徒。你可能不知道是什么把你限制，把你囚禁，是什么要把你埋葬，但你能感觉到某种栏杆、某种铁壁的存在。

你是否知道，什么能把人们从这种囚禁中解救出来？是诚挚的爱心，是朋友的爱、手足的爱，以至高无上的权力，用某种魔力将牢门打开。哪怕里面的人已经死去，爱心复苏，生命就得到重生。其实，有时候牢笼就是偏见，就是误解，就是对事情的致命无知，就是不信任……

如果你能从我身上看出，除了那种不好的游手好闲外的其他东西，我将会非常高兴。

达琳
贫民区的好心人

淘金热时期，加利福尼亚州的萨克拉门托曾是个繁华的城市，是驿站马车和大车队最西端的一站，也是第一洲际铁路和驿马快信①最西端的一站。如今这座城市繁华依旧，然而与其他城市一样，萨克拉门托也成了成千上万无家可归者生命中的最后一站。

对这座城市来说，无家可归的问题由来已久，但到2009年初，这个问题变得更加严重。萨克拉门托郊区涌现的帐篷城引起了全国人民的关注。每周都有五十个人加入帐篷大军，其中很多人都是因为房屋止赎②而经济崩溃。在萨克拉门托，房屋止赎比美国其他很多城市都要严重。

但帐篷城并非萨克拉门托市中唯一存在无家可归现象的地方。加州首府的西部混杂着重建区和荒废地区，那里下层住宅美化工程与破旧的汽车旅馆互相呼应，这些汽车旅馆是低收入临时工的住房。萨克拉门托努力想整修这个地区，但对于这个城市的常住居民来说，这些街道依旧代表着毒品、卖淫和破烂的游民乐队。达琳·加西亚告诉我们，这座城市里她最不愿经过的地方就是这片区域。

---

① 驿马快信又称快马邮递或小马快递，是美国近代一项利用快马接力，在加利福尼亚州和密苏里州间传递邮件的系统。

② 房屋止赎，即抵押的房屋终止赎回。所谓止赎，是因贷款人无力还款，贷款机构强行收回其房子。美国人在购买房屋时，多数都是使用按揭的形式。有些购买者由于没有资产可供抵押，所购买的房屋便充当抵押品，房屋所有权归提供贷款的机构。购房者按期还款给放贷的机构，这个过程称为"赎回"。如果购房者因故不能按期还贷，超过期限的房屋便被"止赎"，停止赎回，房屋便归放贷机构所有。

2009年年初一个寒冷的阴天，六十六岁的达琳出差回家，要开车穿过萨克拉门托西部的这片区域。当她的车沿着匹克伍德旅馆附近的破旧大道行驶时，她果然看到一个男人躺在建筑之间的狭小空地上。

"他躺的地方离人行道很近，"达琳回忆说，"如果他躺在不远的那棵树下，我可能会以为他只是躺在那里睡觉，因为那里的人都是这么做的。"

当时达琳以为这个人可能喝多了，醉倒在大街上。但是他躺着的姿势很奇怪，引起了达琳的注意。她的脑海里闪现出丹佛·摩尔的身影以及他的故事。她刚读过的那本书让她在草率决定之前重新考虑了一下。

达琳把车速降下来。"当时交通很拥挤，车辆和行人来来往往，经过他的身旁。"

由于交通拥挤，达琳无法停下来，只好加速往前开。但是她往前开得越远，越觉得自己应该回去。

达琳兜了个圈，回到匹克伍德旅馆附近。那个人还躺在那里。她在路边停下来，旁边汽车飞驰而过。她从车上下来，强烈地意识到，自己一个女人独自来到了这座城市"最乱"的地方。

她朝那个人走去，在他身边停下来。看上去他睡着了，他的衣服有些旧，但并不破烂，看上去他要比达琳年轻，只是脸色憔悴又苍白。

"你还好吧？"她问。

那个人微微地睁开眼睛，低声说："我心脏病发作了。"

达琳的脉搏加快了，问："你怎么知道？"

他把手放在胸口处，说："因为……这里……很……疼。"

达琳从包里掏出手机，快速地拨打了急救电话。然后她跑到路边，挥舞着双臂，希望能有人帮忙。一位上了年纪的男士停下来帮忙，他的加入让达琳觉得稍稍安全了些。两人等了几分钟，紧急救援人员来到现场，展开了救治工作。

达琳看到他得到很好的照顾，就开车回家了。在路上，她回想自己刚刚所做的事情。她一生都在帮助他人，几十年来她一直参加一个帮助低收入家庭的项目，为学前儿童教课，她甚至还为那些一无所有的家庭买鞋子、衣服和食物。可是在了解丹佛的故事之前，"我绝不敢回去。我会觉得停在那样的地方非常不安全。但是这次我没有觉得害怕。我只是想，**我应该这么做**。"达琳说。

达琳回到家，给她的好朋友打电话分享发生的一切。"我觉得自己今天可能拯救了一个人的生命。"她说。

"非常好，"她的朋友回答说，"但在那个地区，你还是小心为妙。"

"我知道。"达琳微笑着说。

10. _____

丹佛

别搞错，我自己也不是随时整洁、清醒。就算我和朗先生变成了朋友，也不代表我突然就变成圣人。白天我们或许去些高级的地方，但晚上我还是去游民丛林，和大家共喝占边。

我并不是说你每次见到酒鬼，都要给他一些钱。我只是说，并不是每个你给钱的人都是酒鬼。我记得有一次，朗先生不愿把 20 美元给何塞。我告诉他，不必担心那个人怎么花这些钱，只需祝福他。

我知道很多人都有类似的担心。如果我给那个无家可归的人一些钱，他会拿来做什么？是不是去买杯酒来喝？

自从我的书出版之后，我去过很多派对和高级的地方，那里的每个人都说："给我一杯红葡萄酒。"

怎么就没有人非议他们喝酒的事情，却都觉得无家可归的人喝酒就是个问题？你们没见过酗酒的有钱人吗？你们觉得谁更需要酒？你们以为有谁**想**成为酒鬼？不要开玩笑了，喝酒一点也不好玩。

你也许会说："无家可归的人是没钱买酒喝，所以你的话并不可靠。你给他钱，是想让他去买食物吃的。"

也许你说得对。不过有一点，礼物都是免费的。你把礼物给了某个人，同时就给了他处置礼物的自由。当你把一美元给无家可归的人的时候，你不是说："给你，拿去买只鸡吧。"如果你真希望他能有点吃的，最好把他带到麦当劳，给他买一个大汉堡和一个苹果派。

然而，当你把那一美元给无家可归的人时，你其实是在说："我看到你了，你不是隐形的。你是一个真实的人。"我希望人们去看一看他们施舍的纸币上面印着什么："我们信赖上帝。"你只需祝福。其他的就交给上帝。

有时候，当你向无家可归的人伸出援手，你也许觉得她内心封闭，她毫无感觉。但是有时候，事情并非你看到的那样。就像我的一个朋友有一次问我，说她看到一个无家可归的女人站在十字路口。她非常清瘦，衣服又脏又不合身。她手里没有"愿意为食物工作"

或"愿上帝保佑!"的牌子。她只是抬头看着天空,身体前后摇动,用小女孩的声音跟天上的白云说话。

我的朋友说她觉得很难过,因为她不敢上前给那个女人钱,害怕她有什么问题。

"她没什么问题,"我告诉我的朋友,"我觉得,她只是不想被打扰。"

但是,很多时候无家可归的人**的确**有问题。联合福音慈善机构的唐·席斯勒先生曾告诉我,他觉得无家可归的人十有八九都有心理问题。他们一度也是正常人,无所事事的时候也会读读有关无家可归者的书。但是后来发生了什么事,让他们把自己封闭起来。

也许是他的妻子把他赶出家门,他只好去跟表兄一起住。然后他的表兄又把他赶出来,他就只好在大街上游荡。我不是说他没做什么恶劣的事情,也许他的确做过,但是这并不代表他就不再是上帝的孩子。

我记得当初我搭货运火车来到沃思堡的时候,那个名叫肯尼迪的总统刚在达拉斯被枪杀不久。我晚上在游民丛林露营,白天四处乞讨。

一些无家可归的伙伴教给我一种叫作"丢汉堡"的把戏。首先,你弄到一些钱,比如一美元,去麦当劳或汉堡王买一个便宜的汉堡。然后到市中心的高级地方去,那里每个人都穿着外套、打着领带，在玻璃大厦里上班。如果大厦前没有垃圾桶的话，你的把戏就无法上演。一旦你找到合适的地点，就把汉堡咬几口，然后在确定旁边没有人的情况下，小心地把汉堡放在垃圾桶里。

之后你就等着，要是有人过来，你就假装翻垃圾找吃的，然后你捡起那个汉堡，开始吃起来。

十有八九，这些有钱人会过来阻止你，大声说："嘿！不要吃啊！"然后他们就会给你些钱，让你去买点吃的。

我记得初到沃思堡的时候，许多次我希望他们不要给我钱，而是能问问我的名字。可是不久之后，我就明白，这座城市里的人们觉得我不过是一粒尘埃，我的心开始生出坚硬的外壳来保护自己，就像阳光下的橘子一样。我的心变得越来越硬，很快，我就只希望人们给我点钱，而不要理我。

从那个时刻起，以前不喝酒不吸毒的无家可归者就开始结交新朋友。啤酒或白粉就成了他们的朋友、他们的牧师、他们的庇护所——一个黑暗的深洞，他们可以蜷缩在里面逃避自己，哪怕只是片刻。他们试图将自己的问题淹死在酒里或烧死在白粉里。

当初他们会沦落为无家可归是个问题，而现在他们试图逃避的途径又成了问题。

所以他们就有了双重问题。

11. _____

朗

　　黛博拉得癌症，就跟她开车持枪扫射一样没道理。她是我认识的人中最注重健康的，她不吃垃圾食物也不抽烟，她维持体态而且吃维生素，她的家族中从来没有人罹患癌症。基本上是零风险。

　　丹佛三个星期前说的话萦绕在我心头：当你对上帝而言很珍贵，与此同时，也变得对撒旦很重要。朗先生，你要小心。不好的事就要发生在黛比小姐身上。

　　午夜之前，她动了一下。我站起来靠近她的病床，把脸紧贴着她的脸。她张开眼睛，麻醉药让她昏昏欲睡。"肝也有吗？"

　　"是的。"我说完低头看着她，再努力也无法赶走我脸上的悲伤，"但是还有希望。"

　　她又闭上眼。我害怕了好几个小时的时刻很快过去，没有掉一滴泪。我并不惊讶自己哭不出来——因为我从来没有学会要怎么哭。但生命给我一个理由去学习，我渴望泪流成河，像洪水一样，或许我破碎的心可以教我的眼该怎么做。

我爸爸七十五岁那年，被诊断患有前列腺癌。尽管医生说癌细胞增长很缓慢，说不定最后他会由于其他原因而去世，他还是把我们都叫过去告别，为他进行临终祈祷，虽然他不是天主教徒。我想他大概觉得自己当初把选票投给了肯尼迪，就有了天主教徒的资格。我的哥哥约翰引导他做了决志祷告，约翰说一句，爸爸重复一句，说他知道自己在祈祷耶稣能原谅自己的罪。

　　我对此很怀疑。而且当我提醒爸爸，医生们根本不觉得他命在旦夕的时候，他很生气。很可能他感觉到自己死期已近，希望能引起我的关注，而我这一辈子都鲜少关注他。

　　四年之后的 1999 年 4 月，黛博拉被诊断患有一种极其恶性的结肠癌和肝癌。有的医生认为她最多还能再活三个月，还有的认为能活一年。尽管她的预后结果如此糟糕，我们还是不想不战而降。她开始进行非常折磨人的化疗疗程，有时候一个星期要同时进行不同的治疗方法。药物很快把她打垮下去，但是她依然像特洛伊最后一位战士一样战斗下去。她还想看到芮根和卡森结婚成家，还想见见孙子孙女。自从我们有了孩子，她一直祈祷能有孙子孙女，自己能成为一位祖母。

　　那年的圣诞节，黛博拉非常英勇，她在我们那座购于 1990 年的三百五十公亩的牧场"罗基顶"做了一顿精美大餐，还将此处装饰为地道的老西部风格。不要问她是怎么做到的。没有人可以解释。她做的每道特色大餐都格调雅致，几乎可以用于王室晚宴。她照例邀请了丹佛和从不知领情的"霍尔托姆伯爵"——我戏谑地授予了我的爸爸这个贵族头衔（我七岁那年，我们全家曾搬到沃思堡郊区的霍尔托姆市）。

我们在桌前坐定，感谢上帝赐予我们食物，感谢上帝给予黛博拉勇气和力量去面对一切。当然，我们也祈求上帝治愈她的病。我知道爸爸并无恶意，但是在我们开动前，爸爸却说："癌症没什么大不了的。我得前列腺癌已经四年了，现在不也什么事都没有。你们也太小题大做了！"

黛博拉哭着离开了餐桌。爸爸因为她的离开很生气，他对我妈妈说："走，汤米，我们回家。这里不欢迎我们！"

然后他们就走了，丹佛把他们送到车上，所有的饭菜都被放到了冰箱里。我、卡森和芮根爬到黛博拉的床上。

丹佛看上去非常不安，却又不好偏袒任何一方。这是他与我们一起过的第二个圣诞节，他感到很困惑，就去沿着河岸散步，理理思绪，然后回到房里敲开我们的门。

我打开门的时候，他对我说："保佑他。"

"保佑谁？"

"你爸爸。他没有恶意，我为你父亲和他的一生而赞颂上帝。他是个好人，我也要感谢他，如果没有你父亲，就没有朗先生。如果没有你和黛比小姐，我可能还在游民丛林里，就不会跟你们一起过圣诞节了。"

"我希望你能好好想想我说的话，朗先生。为他祝福吧。"

我听完丹佛的一番话，假装要接受他的建议。但事实上，我觉得他根本不了解情况，也可能是他已经习惯了周围形形色色的瘾君子和酒鬼。而且，丹佛也不知道这么多年来厄尔·霍尔给我的家庭带来了怎样的痛苦和难堪。即使丹佛给出了一个小小的理由，证明这个人不仅仅是"掉在酒瓶里的厄尔"，我还是不打算原谅他。

12. _____

朗

　　我五十五岁，两鬓开始发白，心有一半躺在罗基顶的土里。我要怎么活下去？怎么向前走？我觉得自己被困在一片白茫茫的暴风雪中，没有向导，存粮刚用完。强烈的恐惧令我害怕。

　　有好几个星期，我像墓园鬼魂在家里穿梭。我经常打开黛博拉的衣橱、抽屉和橱柜，抚摸她的围巾、她的丝袜，把脸埋在她的衣服里，试着闻她的味道。有时候，我关上橱柜的门之后，就坐在黑暗里，手上拿着我们最后一张合影。

　　2000 年 11 月 3 日，与我结婚三十一年零七天的妻子离开了人世。是癌症把她带走的，但是比起癌症，我更怨恨上帝，是他把黛博拉从我身边夺走，把我的心撕得粉碎的。

此后的几个星期，一连串的事情让我变得迟钝——我们把黛博拉葬在罗基顶她最喜爱的地方，我们为她举行了安葬仪式，还在教堂举办了悼念活动。我和孩子们一起出逃，以期消除内心的悲恸。繁忙过后，我站在张着大嘴的黑暗深渊的边缘，心想，我以后的人生中再也没有黛博拉了。

我在大厅里踱来踱去，我哭泣，我泪流满面，我无法抑制自己。不管什么人说什么话都没有用。

最糟糕的是天主教徒表达同情的话语。

"朗，你也知道，我们一直祈祷上帝能治愈黛博拉，"一些好心人会说，"现在她已经永远被治愈了。"

我会想：**胡扯，她是死了。**

在我生命中最黑暗的这段时间里，我甚至会大声说出来心里所想的话。让我感到愤怒的是，人们以为讲几句基督徒的习惯用语就可以平息我地狱般的悲痛。平时，我也知道人们说这些话是出于好意，而且最主要的原因是，除了这些伤人的话之外，他们也不知道说什么才好。

只有个别几个人懂得该说什么："我可能无法想象你现在的心情有多么痛苦，但是我只想让你知道我爱你。"能说这些话的人，都是那些与我一起爬到悲痛的深渊、一起感受痛苦的人。但是这悲痛的深渊是个非常肮脏、极其泥泞的所在，许多人不愿意到这里来。

为了不拖他们下去，我避见任何人，包括我的朋友。我只想就此消失，实际上，我也的确在**一点点地**消失。三个星期下来，我瘦了二十五磅，我脸上颧骨突出，棱角分明。我的衣服穿在身上显得空荡荡的，如同一个空壳——我们原本不就在这样的空壳里吗？

　　我不想让任何人看到我，尽管我的日子过得还算像样。我觉得如果我看上去挺开心，人们会误以为我恢复得还不错。我不想恢复，我希望自己永远活在悲痛里，不要把我的悲痛夺走。我凌晨两点钟去杂货店买东西，这样就不用见任何人。

　　心理学家经常谈论悲伤的五个阶段：愤怒、讨价还价、否认、沮丧、接受。黛博拉去世后的很长一段时间内，我一直处于愤怒阶段，就像瓢泼大雨后，得州黑土农场上陷在烂泥里的拖拉机。称之为"**愤怒**"太过温和，你可以为打碎一只碟子或输掉一场足球比赛而愤怒，而我是狂怒，而且我狂怒的原因只有一个：

　　如果我开始责怪——医生、医药工业、癌症研究人员——很明显，我责怪的靶心是上帝。是他划破我的心，留下一个无法修复的洞。它不用枪或面罩就偷走我的妻子，我孩子的母亲，以及我孙子孙女的祖母。我信任他，他却让我失望。

　　我害怕面对这样的现实。我知道很多基督教朋友无法理解我的愤怒，他们只希望我能选择另外一条道路，能赞美上帝的神圣计划，能顺从上帝的旨意。

然而，我独自坐在房间里，咆哮着质问上帝："如果**你**就如此对待那些最爱**你**的人，我宁愿不去爱**你**！"

有时，我希望能有个基督教朋友跟我一起面对现实，我希望能有人说"你相信这是上帝的所为吗？太不公平了！"诸如此类的话。

如果他们能这么说，对我会是一种安慰。自黛博拉去世后，我从不会对别人说一些麻痹的话，以期减轻他们的悲痛。相反，我会跟他们一起哭泣，有时还会说："是啊，真让人讨厌。"

尽管我希望能有人与我一起面对现实，分享我的悲痛，我的内心深处却不断涌出一个事实，一直渗透到我灵魂的碧池，那里有一湾清水，尚未被我的愤怒沾染：上帝也是如此对待**他**自己的儿子的——让他痛苦万分地死去。

而耶稣说："没有仆人好过主人的。"

如果我认识的人中有上帝的仆人的话，那一定是我的妻子。她不想死，但她想为上帝服务。她一直在为上帝服务——通过为无家可归的人服务——直到她生命的最后一刻。

黛博拉去世后不久，她的好朋友玛丽·艾伦与我分享了前文提到的《约翰福音》里的那段诗句："我实实在在地告诉你们，一粒麦子不落在地里死了，仍旧是一粒；若是死了，就结出许多籽粒来。"

黛博拉离世后的几个星期里，联合福音慈善机构收到了50

多万美元的善款——要以黛博拉的名义修建一座礼拜堂和一套先进设施，以帮助那些无家可归的男人、女人和孩子。截止到2009年，黛博拉的故事已经为全国各地的游民庇护所筹集到3000多万美元的善款。

我是否希望上帝既可以帮助无家可归的人，又不要带走我的妻子呢？

当然希望。

我是否相信如果黛博拉能看到这些福祉，她仍然想回到世上？

当然不相信。

失去黛博拉的痛苦依然会让我落泪，尤其是与三个孙女一起玩耍的时候——黛博拉永远都见不到她的孙女了。但是丹佛替她见到了。我女儿芮根的女儿格里芬今年三岁半。她生于2005年，是丹佛抱过的第一个白皮肤婴儿。

———

在黛博拉的葬礼上，爸爸哭了，说她过去一直都很尊敬他。一年后，以她的名字命名的新慈善机构和礼拜堂在东兰卡斯特街破土动工。妈妈参加了典礼，还有市长和几位州议员。

爸爸待在家里没去。

"干吗要筹钱为无家可归的人盖房子？"他埋怨道，"他们不过是一群酒鬼和瘾君子。是他们自己把生活搞得一片狼藉，就让他们自己收拾残局吧。"

他还借此跟我套近乎："如果你想把一大笔钱给别人，为什么不给我？"

"你要这些钱做什么？"我问。

"我要去买更好的威士忌，我要喝杰克丹尼，不喝占边了！"

让爸爸不胜恼怒的是，我与丹佛共处的时间远比跟他共处的时间要多。更甚的是，我每次去看他，丹佛也一起去。厄尔·霍尔一直是个种族主义者，他声称自己接受了治疗，已经克服了种族歧视，我可不相信他。

爸爸说我一个人独自生活不好，一个非常美好的人要过来陪伴我——**他自己**。其实我觉得这挺好笑，有生以来我第一次感到他的幽默。但是几个月后，我让丹佛过来跟我同住，而没叫他，几乎把他气死了。

约翰·D.极其富有的遗孀露佩·莫奇森跟随丈夫踏上了荣光之路，死后把两亿美元的财产捐给了慈善机构。莫奇森家族的人让我住进他们的庄园，帮忙把莫奇森家收藏的艺术品卖掉，这些艺术品价值在1000万美元左右。我让丹佛跟我一起住进去，帮我看护这个地方。这意味着爸爸只好待在霍尔托姆市。按照"种瓜得瓜，种豆得豆"的道理，我觉得这很公平。

卡丽娜
后视镜

卡丽娜·待拉卡纳尔有四个儿子，最大的八岁，最小的刚开始蹒跚学步。作为四个孩子的母亲，她很少有自己的时间。2007年，她得知自己可能根本没有多少时间了。

那时卡丽娜二十九岁，刚生了最小的儿子乔舒亚。三个小男孩和一个刚出生的宝宝会让任何一个女人心烦意乱，卡丽娜开始觉得自己可能真的出了问题。"我发现自己比原来健忘很多，"卡丽娜回忆说，"为了让自己心安，我去看了医生。"

结果让她无法心安。

"结果没我预期的好，"CAT扫描（计算机轴向X线断层扫描）结果出来后，医生告诉卡丽娜，"你的右脑患有脑动静脉畸形（AVM）。"

医生解释说，脑动静脉畸形类似于动脉瘤，是血管壁的一种缺陷。卡丽娜天生如此，一旦动脉壁破裂，她就会立刻死去。唯一的办法是进行脑部手术，要么通过传统手术方法进行，要么使用放射性伽马刀。

卡丽娜说："我感到无法应对，我希望听到上帝的声音，清晰地告诉我往哪里去，看哪个医生，选择什么治疗方法。"

但是有个问题一直纠缠着她的心：

"为什么？为什么是我？为什么是这种病？为什么偏偏是这个时候？我的孩子需要妈妈！为什么上帝要把我从他们身边带走？"

诊断结果出来之前，卡丽娜是位忙碌的妈妈，几乎没时间阅读祷告读物。现在她潜心阅读《圣经》，遇到让她心动的句子就反复阅读，并抄写在笔记本上。

她向牧师寻求建议，"小心翼翼、一小步一小步地"前行，祈求上帝和医生们给予自己智慧。那段时间里，卡丽娜将自己的痛苦和担忧倾诉在笔记本上。

"为什么？"她依然想知道，"这到底有什么目的？"

死亡的风险像幽灵一样笼罩着她。而且还有另外一种风险：医生说，他们可以修复脑动静脉畸形，但手术可能会导致卡丽娜的左半身永久瘫痪。

经过几周的潜心研究，卡丽娜选择菲尼克斯市著名的神经外科医生唐·伍德森为她动手术。她继续祈祷来驱除内心的恐惧："我祈求手术的时候，上帝的手能和医生的手一起操纵手术刀。"

手术将近，卡丽娜飞到亚利桑那州，住进了医院的重症监护病房等候做手术。手术前一天，护士过来为她做检查。卡丽娜心里依然很不安，为了寻求安慰，她问护士："伍德森医生是什么样的医生？他为什么这么出名？"

护士给她一个安心的微笑，说："伍德森医生做手术的时候，就像是上帝的手在操纵手术刀。"

卡丽娜的心飞扬了起来！仿佛护士大声地回应了她的祈祷。

第二天，手术后的卡丽娜完全活动自如，她的脑动静脉畸形也得到成功修复。她回到家后，教会的成员纷纷来到黛拉卡纳尔家里，给他们带来食物，帮他们照看孩子。一位密友还带来了一摞书。

"作为四个孩子的母亲，我很少有自己的时间，每天能读读《圣经》，对我已经算是极大的成就了，"卡丽娜说，"我正准备把这些书还给我的朋友时，她从里面抽出一本书递给了我。"

"我觉得这本书很特别。"朋友说。

卡丽娜扫了一眼标题：《世界上的另一个你》。她不觉得有什么特别。但是出于礼貌，她谢过朋友，接过这本书。那天，她无事可做，只能静坐着让大脑愈合，她躺在床上翻开了第一页。她禁不住一页页地看下去，她说："就好像上帝给了我一双崭新的眼睛和一对崭新的耳朵！"

读了这本书之后，丹佛奴隶般的成长过程和在沃思堡大街上十八年的流浪生活，黛博拉的癌症治疗过程和她与重重困难所做的艰苦卓绝的斗争，以及我和丹佛之间几乎不可能的友谊，都让卡丽娜对她刚经历的可怕磨难有了全新的认识。

"我开始嘲笑自己，我想是否我所经历的这一切磨难都只是为了让我有时间坐下来，阅读这本神奇的伟大箴言，"她告诉我们，"这本书就这样到了我的手中，通过我的眼睛直钻进我的心里！"

卡丽娜用她那双水晶般透彻的崭新眼睛看到，上帝在她的生命中展现了牧羊人般的仁慈。疾病的磨难让她和丈夫日益亲密，如同寒冷的夜晚，一对恋人在篝火前紧紧相依偎。事实上，这段恐惧的日子让他们全家人彼此更亲近，也让他们与上帝更亲近了。

此外，她知道自己可能会永远失去控制左边身体的能力，现在能做到的每一件事情都让她无限感激。"以后我再也不会觉得一切恩赐都是理所当然。"她说。现在，即使为婴儿换尿布这么简单的事情也像是个奇迹。

其实她能有孩子本身就是个奇迹。在手术前的会诊过程中，医生告诉她，如果他们在她生孩子之前发现她患有脑动静脉畸形，他们会建议她无论如何都不要怀孕。怀孕很容易导致脑动静脉畸形突然发作。

但这些并未发生。卡丽娜突然明白，在她生命中的每一天，上帝都在保护着自己，在自己有了四个漂亮健康的儿子**之后**，才让疾病发作。

"对于为什么我到现在才发现是上帝牵着我的手一步步走到今天，我们的牧师给出一个很好的解释，"卡丽娜说，"他说，有时候，我们只有在后视镜里才能看到事情**为何**会发生。"

13. _____

朗

　　我们像住乡下的人，围着黛博拉的墓穴坐在干草捆上。接下来一个半小时，我们唱老灵歌和乡村圣歌，由两个牛仔朋友弹木吉他伴奏。温暖的阳光透过橡树洒下来，在黛博拉的松木棺材上投射出金色圆圈，让她要求的简单棺材看起来像装饰了闪亮的奖章。

　　安葬黛博拉两周后，我和丹佛开车回到了罗基顶。我们把她葬在一具简单的棺木里，用一堆石块覆盖了坟墓，在她的墓前立了一个西洋杉做成的大十字架。牧场上到处都是野生动物，有美洲野猫，还有野猪。我从此无法安然入睡，担心这些动物会把她的尸骨挖出来。我和丹佛决定回到那里，用石头和锻铁建造一道围墙，把她的墓地保护起来。

我们从达拉斯出发一路向西，一个多小时我们都没有说话。我们穿越布拉索斯小镇的铁轨时，丹佛突然大笑起来，仿佛汽车在铁轨上来回颠簸，把他内心深埋的欢乐摇了出来。我瞪了他一眼，心里很恼怒，上帝夺走了我的妻子，他却还这么开心。

我问："有什么好笑的？"

"朗先生，不会有人相信我们的故事，"他边笑边说，"我们要写一本书。"

"朋友，我们指谁？你不会读也不会写。那谁来写呢？"

"我来讲述我的部分，你来写。你自己的部分你都很清楚，就自己写下来。然后，我们把两部分放在一起，合为一本书。"

三周后，我们挂起了拱门，把那个石头堆砌而成的寂寥坟墓变成了一片家族墓地，取名为 Brazos de Dios，意思是"上帝的怀抱"。虽然目前只有一位家庭成员在这里安息，我知道总有一天，我会过来陪伴黛博拉，在这个她最喜爱的角落。这里有一棵倾斜的橡树，树荫罩在下面的石凳上，仿佛一个天然的凉亭。现在的问题是，我的心已有一半被埋在了罗基顶的土地里，而上帝还想要我做什么呢？**他**会希望我跟丹佛一起写本书吗？如果是的话，我应该写些什么？

我觉得自己应该去欧洲寻找问题的答案。在我的艺术品交易生涯中，我经常把意大利作为自己的避风港湾。我爱那里的生活节奏——信步走在狭窄的石板路上，等待比萨店开门营业，寻一家街边咖啡店，无所事事，只需把意大利脆饼浸在浓咖啡里。我在波西塔诺小镇度过很多美好的时光，这座小镇以盛产柠檬闻名，丰收的柠檬味道飘在空气中，整个夏天都不会消散。还有令人无法抗拒的美食——**现炸甜甜圈**、带有树莓碎屑的新鲜冰激凌，还有美味的比萨。人们以为我到意大利是去欣赏艺术品，其实我是去享受美食。

而现在，我可能要去享受美食，并开始写作。

经过十个小时的飞行，飞机降落在罗马。我住进了距罗马教廷一步之遥的哥伦布酒店。站在酒店幽深的大厅，我凝视头顶拱形的天花板壁画，深色的木质横梁上绘着各种几何图形。大厅略显现代，但是穿过一条宽阔的走廊，就能看到一排廊柱，可通往教皇的故居。教皇的故居正好坐落在通往梵蒂冈的大道上。

我突然觉得一切都很巧合。哥伦布酒店的名字来源于五百年前扬帆出海的一位探险家。他对外界一无所知却心怀信仰，他勇敢地穿越了变幻莫测的海洋，发现了新大陆。而如今，五十五岁的我来到这里，也面对着一片新大陆，一个全新的未来、一个与我两年前想象的完全不同的未来。不同的是，哥伦布是奉了国王的使命去发现新世界，而我的"**国王**"将我放逐在这个我深恶痛绝的世界、这个没有我妻子的世界。而且，与哥伦布不同的是，我没有信仰。我的信仰躺在罗基顶六英尺深的墓穴里，被掘墓人的铁锹深埋在地下。

当我机械地办理入住手续的时候，我想起自己还没有好好计划如何把黛博拉的故事写下来。我只有一个模糊的概念，我要在这座庄严神圣的建筑里安营扎寨，把那些像幽灵一样一直萦绕在我心头的记忆写下来。我相信在楼上那些历史悠久的房间里，很多祈祷都能直达天堂。毕竟教皇曾经居住在这座建筑里，上帝对这个地址应该很熟悉。也许他会看到我，指挥我手里的钢笔，引导我完成任务。

事实并非如此。我刚进到自己的房间，就看到了那条通往梵蒂冈的协和大道，一阵悲痛如同飓风一样袭上我的心头。日复一日，我就坐在历经沧桑的窗户前，遥望着罗马教廷。我的痛苦是个黑暗的深渊，给我带来身体上的疼痛，就好像我的悲痛是一只尖牙利齿的怪物，侵入我的躯体，从里向外啃噬着我。我觉得自己已经被定了罪，遭到了遗弃，我自以为有足够的理由迁怒上帝。

某个时刻，我惊讶地发现自己比大部分人要好得多，我为自己如此过分地悲伤而感到些许内疚。毕竟，有谁会怜悯一个跑到15世纪宫殿里喝着灰比诺葡萄酒来抚慰自己破碎心灵的百万富翁？突然，我为那些今天埋葬了伴侣、明天还要上班赚钱支付葬礼花费的千千万万的人感到悲伤。与他们比起来，我已经非常幸运了。在黛博拉与癌症做斗争的两年时间里，我可以撇下工作陪伴在她的身边。而现在，我也有时间为自己疗伤。这个念头如同一只发光的浮标，让我黑暗的愤怒大海上闪现出一丝感激之光。

但这不足以把我从绝望的深渊中拉出来。还不够。罗马的浪漫、艺术和建筑组成的美丽画面像廉价的百叶窗一样卷了起来，取而代之的画面是竞技场上的暴君尼禄和被拖下去喂狮子的我。由于在这里无法写作，我从罗马撤离，踏上了开往佛罗伦萨的火车，设法不让自己把写作上的不顺利怪罪到教皇的头上。

我抵达佛罗伦萨的那天很冷，还下着雪，这样的天气在佛罗伦萨很少见。我住进了"天使别墅"，这座建于 15 世纪的乡野别墅坐落在佛罗伦萨的群山之间，刚好位于菲耶索莱镇伊特鲁里亚小村庄的一个修道院下方。这座别墅的历史比哥伦布发现美洲大陆还要早七十年，被公认为全世界最漂亮的别墅之一。我的朋友胡里奥·拉斯和皮拉尔·拉斯住在那里，他们为我提供了住宿。在我的卧室，可以俯瞰托斯卡纳区的红瓦房顶，也可以仰望坐落在古老橄榄林间的修道院。

在天使别墅里，我终于开始动笔。蘸着蓝色墨水，我在淡黄色的标准纸上倾诉我记忆中的一幕幕，有希望和惊恐：我和黛博拉第一次去慈善机构；有希望和害怕：我们初次遇见丹佛；有希望和胜利：与丹佛和其他无家可归的人建立了深厚的友谊；有希望和恐怖：黛博拉被诊断出患有癌症，她与癌症进行了长达十九个月的斗争。然后希望破灭了，取而代之的是凄凉：黛博拉去世后我的生活。

有时，我会停顿良久，越过雾气缭绕的托斯卡纳群山，遥望佛罗伦萨的中央大教堂，这座教堂自 1436 年开始被奉为神。无可否认，我身处世界上最美丽的地方，很多伟大的艺术家和作家，如但丁、达·芬奇和米开朗琪罗，都从这里获得过灵感。可对我而言，这座曾带给他们诸多灵感的城市笼罩在一片哀悼的颜色里——烟雾弥漫的灰色和炭黑色，裹尸布一样的颜色，与黛博拉充满欢乐的生命之旅很不相称。

我重读自己写下的文字，想到了美国历史上第一次重要的现代艺术展，1913 年的纽约"武库展览"。当时评论家撕碎了展出的作品，说这些作品甚至都不配被扔到烟灰缸里。

这些艺术作品不该受到这样的批评，而我的初稿却应该。回得州前，我把写好的东西扔进了垃圾桶。

———

不知是在回罗马的火车上，还是在机场过海关检查的时候，我内心的开关突然开启了。在十一个小时的回程飞机上，文字开始快速地流淌出来，我的手指几乎无法驾驭那支从哥伦布酒店带来的圆珠笔。

我知道飞机上坐满了人，但是我觉得他们都消失不见了。我不记得自己是否吃了纸板味道的鸡肉航空餐，但我确定他们给了我一份。我只记得当副机长宣布我们要降落在达拉斯的时候，我惊讶地发现自己已经写了九十页——比我上得州基督教大学时写的任何一篇论文都要长，而且完全没有参考学习指南^①。

我睡眼惺忪地过了美国海关，手里紧握着刚出炉的手稿。在行李领取处，我抬起头发现三位女士面带微笑，围在我身边。

"不好意思，我们本不想打扰您，"其中一位背着 Gucci 包的女士对我说，带着抑扬顿挫的得州口音，"我们注意到从罗马回来，您一路上都在写啊写啊，而且您很眼熟。您是不是有名的作家？"

我笑了笑，精疲力竭，说："不，我不出名，也不是作家。不过，我确实在写一本书。"

"什么样的书？"那位女士问，很兴奋地瞥了一眼两个同伴。

我想了一下。我该怎样概括过去四年中所经历的一切：怜悯、痛苦、友情、救赎和悲痛，这已经成为我生命的一切。

终于，我想到了答案。

"一个爱情故事。"我回答说。

---

① Cliff's Notes 作为一家出版社的品牌，是一套学习指南 / 教学参考的丛书。这套丛书包括：文学、写作、外语、数学、科学、其他课程、备考、大学课程等课程的学习指南与参考。

What difference do it make?

14. _____

丹佛

"我想让你知道，我原谅你，"黛博拉（对那个跟我有绯闻的女人）说，"我希望你能找到一个不只爱你，而且还能尊重你的人。"

她的善良令我震惊，但接下来她说的话更震慑了我："我决心要当一个对朗而言最好的妻子，如果我做得好，你就不会再有我丈夫的消息。"

黛博拉静静地把话筒挂上，松了一口气，然后定定地看着我的眼睛。"你我现在开始要重写我们婚姻的未来。"

她想花几个月时间做咨询，她说，让我们知道是哪里出错，怎么会变成这样，要怎么修复。"如果你愿意，"她说，"我就原谅你。而且我保证，我永远不会再提起这件事。"

此后三年半的时间里，我和朗先生一起写了一本书，大多是在露佩·莫奇森的餐桌上完成的。当然，那时候我还不会写字，也不识字，我将自己能回忆起来的一切都告诉朗先生，他帮我写下来。

但是这并没有持续很久，因为某天早上在罗基顶，我突然决定闭上嘴巴。坐在黛比小姐为牧场厨房挑选的大餐桌前，我只是沉默下来，开始喝咖啡。朗先生坐在我对面，用一支钢笔在黄色的纸张上记下一切。

"怎么了？"他问，"你整个早上都不说话，你的舌头突然出问题了？"

我没有抬头看他，说："我在想关于宽恕的问题。"

"然后呢？"

"过去几年里有很多关于宽恕的事情，"我抬头看着他说，"黛比小姐宽恕了你的不忠，我宽恕了主人让我白白工作了那么多年，而上帝宽恕了我所有的罪……"

我看到朗先生不停地点头，鼓励我继续说下去。

"朗先生，关于宽恕我们说了很多，"我继续说，"上帝如何宽恕我们，我们也应该去宽恕他人。但是还有另外一种宽恕，你可能不了解！"

"是什么？"

"哦……就是你们称为哀歌的雕像。"

"你是说《圣经》里的耶利米哀歌？"

"不是的。"

朗先生非常认真地看着我，像是尽力想弄明白我在说什么："一座雕像？"

"是的，一座哀歌雕像。"

"哦，你一定是说巴别塔！巴别塔是雕像，而且《圣经》里也提到过。"

"不是的，"我说，"跟《圣经》没关系，跟政府有关系。政府有规定说，如果你过去做了什么错事，很多年之后你就不必再为此进监狱了。"

朗先生听后笑了起来："哦，你是说**诉讼时效**^①。"

我说："是的！如果我们一起写这本书，我要先弄明白这个**时效有多长**，然后才能告诉你一切！"

当时是 1968 年 5 月。要是你没听说过安哥拉（监狱），那我可以告诉你，那里是地狱，三面环河。那时我并不晓得，但在当年，那是美国最黑暗险恶的监狱。

我到那里几天后，一个我在什里夫波特监狱认识的囚犯看见我，伸出一只手仿佛要跟我握手，然而他给我一把刀，"把这放在你枕头下面，"他说，"你会用到它。"

我之所以想了解"诉讼时效"，是因为我离开农场后发生的一些事情。我曾是个坏人，劫持过公交车。你可能已经知道我为此进过监狱，我在里面待了十年，十年是一段非常漫长的岁月。

---

① 丹佛的原意是 the statute of limitations，即诉讼时效，但由于文化程度受限，错说为 the statue of Lamentations，即哀歌雕像。

如果我讲了监狱里的事情，结果我又因此再回到监狱里，那我还是不说为妙！

也许这么说有些奇怪，但是安哥拉监狱确实是个有活力而又宝贵的地方。这座位于河口的监狱专职把男孩锻炼为男人。有趣的是，即使我所犯的罪只是劫持公交车，他们还是决定把我送到这座最有名的监狱。他们把我捆起来押上他们的一架小飞机，一路南飞，降落在安哥拉监狱。

我一到那里，他们就把我送到最差的牢房，他们称为"血流成河"。我在里面待了一天，就明白为什么叫这个名字了。每天晚上，都有人丧命于此。

我在安哥拉的第一个晚上，一位老大哥走过来，上下打量我，问："伙计，你需要什么东西吗？我正好要去商店。"

我想，他大概是从给我刀子的什里夫波特监狱伙伴那里听说我的——因为他好像是特意来找我，所以我说："给我带些香烟和两三块糖果。"

他把东西送到我的铺位，我所在的大牢房外形就像一座谷仓。不久之后我发现，这些东西并不是免费的。

那天晚上我躺在自己的床上，眼睛盯着天花板。我能听到老鼠在墙里面窜来窜去，还能听到很远的地方，有人在尖叫。我所在的地方没有灯光，监狱里漆黑一片，比新月下的河湾还要黑。

"准备好了吗？"

老大哥站在我的旁边。他一定是很轻很轻地溜进来，悄悄来到我身边，因为黑暗中，我根本没有察觉他的到来。

"准备好了吗？"他又问了一遍，声音更低、更深沉。就在那一刻，我明白了他想要什么。

"准备好了，"我说，"但是我要先上个厕所。"

我转过身把脚踏在地板上，老大哥向后退了一步，好让我从床上下来。

"你先躺在床上吧，"我说，"盖上被单，我马上回来。"

我离开床边，走进黑暗中。我听到一阵沙沙声，是他把裤子堆在地板上，之后便是他躺在我床上发出的**嘎吱嘎吱声**。厕所在房间的另一边，我走过去解开裤子，让他听到我在做我刚才说自己要做的事情。

"你要抽支烟吗？"我问，"完事之后？"

"当然要，"他说，口气中带着自大。我在黑暗中能听到他的窃笑。所以在回床边的路上，我在一个小架子前停了下来，那里藏着他给我买的香烟，还藏着我的刀子。

我刺了老大哥一刀，他尖叫了起来，像女人一样尖叫，因为我的刀子穿过床单，把他变成了"女人"。

我弯下腰，对着他的耳朵低吼："要是你或你的朋友再敢过来，我就要了你的命。"

他号啕大哭，握着他剩下的命根子（我猜测），这时我看到外面的灯亮了。然后我听到靴子踩在地上的声音，警卫围了过来。他们在门口停下，以弄清楚房间里的情况。

"摩尔！里面还有谁？"

"这家伙疯了！"老大哥尖叫着，"快进来杀了他，不然他会杀了**我**！"

因为此事我被关进黑屋里，但从此之后再没有人敢来侵犯我。

然而，就是因为这些，每当我想起黛比小姐向我伸出援手，我总会胸口一紧。我曾坦白地告诉她，我是个卑劣的人，但她无从知晓我有多么卑劣。我今天很感谢上帝，让她心中有足够的勇气来这么爱我，我才有可能告诉大家，即使是安哥拉监狱用刀伤人的黑人囚犯，也有一天会为这个世界做些好事，只要给他一个机会。

唐
无家可归者的艺术

在明尼苏达州圣保罗市的联合福音慈善机构，三十几个男人围坐在一起，看上去他们很久都没梳过头发了。唐·托马斯告诉我们，他们的衣服很干净，但不太合身。他们中有些人是瘾君子或有前科，有些人只是运气欠佳。唐不确定，这样一群貌似粗野的人会不会对自己接下来要说的话感兴趣。

"我来这里是想看看你们是否对学习美术感兴趣，"唐是圣保罗市一家建筑公司的设计师，"就是描描画画，诸如此类。"

一些人狐疑地相互对望几眼，其他人依然盯着地板。一个面色红润却满脸皱纹的男人用他仅剩的四颗好牙接口问道："我们不会像在监狱里一样编'脏话'篮子，是不是？"

"当然不会，"唐微笑着回答，"我们要画裸体女人。"

一圈的人都笑了起来。在场的每个男人都举了手，表示他们突然奇迹般地对唐要教授的美术感兴趣起来。

我认为艺术能改变每个人的生活。黛博拉去世后，丹佛搬来跟我一起住，我建议他试着去画画。他觉得这个主意不错，还说自己画得再不好，也不会比他见到的波洛克和毕加索价值上百万的名画更差。我曾带他去过沃思堡现代艺术博物馆看过波洛克和毕加索的画。丹佛刚开始画就爱上了这门艺术，如同角斗士爱上了竞技场。

自《世界上的另一个你》出版之后，他已经卖掉了三百多幅画作。

艺术也改变了唐·托马斯的生活。事实上，艺术拯救了他。

他少年丧母，由父亲抚养长大。他父亲是位内心骄傲的海军军官，用酒精来麻痹自己的丧妻之痛，而唐总是被独自留在家里。"上初中的时候，我一肚子坏主意，喝酒，与女孩子纠缠不清，"唐回忆说，"那时候，我竟然没有成为一位父亲，简直就是奇迹。"

幸运的是，高中时候的一位美术老师向这个年轻人伸出援手，帮他找到一条不同的道路。"能够将我感觉到的、我看到的画出来，能将我的愤怒表达出来——我想，这改变了我的人生。"

后来，唐成为圣保罗一家著名商业建筑公司的骨干，同时，他还把美术作为自己的业余爱好。每年感恩节前后，他所在的公司都会号召员工为慈善机构捐款；然后，公司管理层会按照员工捐款的金额，给慈善机构开一张双倍的支票。

然而，整个事情的处理方式一直困扰着唐。"总之，我觉得这样做对人不尊重，"他说，"就好像我们在说：我们会给你们钱，但我们不想见到你们这些人，也不愿知道你们在做什么。"

所以唐在2008年拜访了慈善机构，为那里工作人员的奉献精神感到惊叹，也为机构里进行的工作感到惊叹。那里有戒毒康复课程，还有生活技能课程，教授如何养育孩子、财务预算、电脑等。那里有职业技能培训项目，还与那些能提供临时住所的机构建立起联系。

参观过机构后，唐确信，仅仅开一张支票对自己来说已经远远不够了。他要跟这些人一起分享，奉献自己，创造不同。

从那一刻起，他毛遂自荐，主动要求开一个美术班。

如今，他身在一群无家可归的男人中间，跟他们分享一些自己不堪回首的过去，并告诉大家艺术如何帮助他化解母亲早逝的苦痛和悲伤。

"我不清楚艺术为何有帮助，"他对那群悲观消极的人说，"我不是理疗师。我只知道，对我来说艺术的力量很伟大。如果我可以把这些力量传递给你们，让你们能够用哪怕稍微不同一点的眼光来看待这个世界，也是值得的。"

第二个星期，大约有十二个人来上课。其中有个名叫戴夫的人非常健谈，他喜欢画画，但更爱说话。他上了几次课，第三次课后，他过来对唐说："我非常感谢你所做的事情。但是我不会再来了。我决定集中精力参加另外的项目。"

"感谢你告诉我这些。"唐回答说，暗自思忖是不是自己的课程不够有趣。

然而，那天晚些时候，一位机构顾问告诉唐："戴夫是个瘾君子。他能过来跟你讲他的计划，对他而言已经是迈出了巨大的一步。在康复过程中，绝大部分人只会悄悄走开。"

不知何故，唐恪守承诺教授这些人美术的行为，激发了戴夫，让他也开始遵守承诺，承担责任——瘾君子们很少这么做。

唐还回忆起另外一个叫亚历克斯的人，他是个酒鬼，却对某种风格的绘画极有天分。

有一天，唐夸赞了亚历克斯的作品后，他问唐："你觉得我能靠这个赚钱吗？"

"你画的东西看上去像文身艺术，"唐回答说，"我认识一个人，每次有人用他的作品做文身，他就能赚800美元。"

"也许我也可以这么做。"亚历克斯说，一边往他画的龙身上涂阴影。

第二个星期亚历克斯没有来，第三个星期也没来。后来，唐听说他又开始喝酒了。然而，他们的对话至少透露出那么一丝希望。"亚历克斯当时没去想下个小时或者下次饮酒，而是考虑了未来的事情。"

唐刚开始在机构教美术的时候，他确实希望能挖掘一些有天赋的人——下一个毕加索或者弗雷德里克·雷明顿，被发现的时候衣衫褴褛，而不是怀揣艺术学位。也许在这些身心疲惫的男人中间，藏着一位艺术家，等着被发现，被正确地培养。

不久之后，唐开始明白，可以改变这些人的并不是艺术本身，而是"艺术的过程和围绕艺术发生的故事"。

绘画使这些人心情平静，帮助他们用不同的方式表达自己。"你不需要把一切都说出来，有时候你甚至无须说一句话。"唐这么说。

机构四周环绕着美丽的花园，树木浓密的冠盖下鲜花争艳，葡萄藤顺着棚架往上爬。一天，唐把为数不多的几个人带到外面，告诉他们："想画什么就画什么。但是一旦你选择了画什么，就要连画八遍。"

这是一种关于承诺的练习。"对瘾君子来说，做出承诺并恪守下去是很难的事情，"唐说，"他们想要即时的东西，如果某个东西不能产生立竿见影的效果，他们就会转向别的东西。"

一个人选择画爬满葡萄藤的棚架。然而他画着画着，就只关注棚架本身了，苦苦挣扎应该如何去画那些被纤细的白色葡萄藤遮住的地方。就好像他根本没看到葡萄藤、葡萄叶和盛开的花。与此同时，他越来越沮丧，越来越不耐烦。

"慢慢来，"唐指导他，"你还看到了什么？你看到叶子了吗？阴影？颜色？"

那个人又试了试，这次他稍微放松了一点，沉浸于眼前的一切，不再仅仅关注于某些细节，而是看到了整个画面。试了几次后，他把自己的作品拿给唐看，他最后完成的作品给唐留下了深刻的印象。

唐说，艺术教给我们一些大家都需要学习的东西，尤其是关于那些与我们不同的人："要想看到事物真实的一面，有时你要观察得更仔细。"

What difference do it make?

15. _____

朗

《世界上的另一个你》最终出版之后，我送了一本给爸爸妈妈，并在扉页上写道："感谢你们所做的一切。如果没有你们，就没有今天的我。挚爱你们的朗尼①。"

妈妈抢先读了这本书，夸赞这是一部文学巨著。当然，当年为了我与得州基督教大学姐妹会女孩的第一次约会，妈妈特意用蓝黑格子布为我做了一套新衬衫和短裤。我穿上后，她也夸赞我很英俊。

---

① 朗尼，以及后文出现的朗尼·雷，均为朗·霍尔本人。

几天后，爸爸开始读那本书，但他只读到第十八页，因为他看到我在书中说"然而不知道从我童年的哪一天起，他掉进了威士忌瓶子里，一直到我长大以后才出来"，就不再往下读了。

不久，我开车去看他们。他们正坐在门廊前的铁制摇椅里，妈妈正在做填字游戏。

我刚走过去，爸爸就问："你为什么要在书里那样说我？"

"我说什么了？"我问，无须问他在书中的哪部分，因为那本书中，我只提到过他一次。

"说我掉进了威士忌瓶子里。"他一边说，一边啜了一口占边威士忌。

如同中后卫突然拦截了一个传球，妈妈突然冒出来一句话："因为这就是该死的事实，厄尔！"

我惊讶地张大嘴巴。这大概是我第一次听到妈妈说脏话。

厄尔抬起下巴，挑衅地看着我，说："你老爹在你心中就是这个样子的？"

"爸爸，我已经原谅你了。"我说，却不是出于真心。

"那好，你的书我也不想看下去了。"他说。

似乎，其他人也跟爸爸一样。《世界上的另一个你》出现在书店后，我们以为《奥普拉脱口秀》会为这本书长篇大论——至少是《今日秀》或《早安美国》，最不济也可以上《杰里·斯普林格秀》。我们以为如果大家都不愿谈论文学，丹佛就可以跟卷入性丑闻的牧师决一胜负了。

然而什么都没有发生。我们的书只零零星星地卖掉几本，而奥普拉也没打电话给我们。事实上，我们想把著名乡村男歌手兰迪·特拉维斯的一首老歌献给奥普拉，大意是：如果我的电话没有响起，我想大概是你不想跟我联系。

后来，我的亲戚举办了一次盛大的得州书展，却拒绝展出《世界上的另一个你》，我才真正开始气馁。如果你都不能指望最可靠的亲属来帮你卖书，你还能指望谁呢？

"丹佛，我们该怎么**办**？"一天晚上，我们坐在罗基顶的露台上，看着银色月光下布拉索斯河上的鱼儿在水面跳跃，我苦恼地问丹佛。

"我来告诉，你我们该怎么办。"他说，"我们要就此打住，并祝福那些拒绝我们的人。他们真的帮了我们大忙。朗先生，我们写这本书不是为了参加书展或者上电视节目。我们写这本书是为了黛比小姐，是为了上帝。"

然后丹佛斜着眼看着我，此前他的目光一直在追随月光。"现在，你**认真**听我说。可以吗？"

"可以。"

"以后不要再去求任何人为这本书做任何事。这是**上帝**的书！就让**他自己**来管吧，你和我就不用操心了。明白我的意思吗？"

那一刻，我多么希望自己有他那么强烈的信念——我也曾经拥有过的强烈信念。但是我害怕自己稍有一丝怀疑，丹佛就会用眼神杀了我。

"我明白。"我说。

"那就不要再抱怨了。"丹佛说，然后转过脸去继续看鱼。

大约一个月之后，我们接到电话，邀请我们参加波士顿的一档早间电视节目。节目主持人读了我们的书，对此非常喜爱。几天后的早上五点钟，我们坐在直播间，等待主持人的开场白。

"早上好，这里是《波士顿现场秀》。"主持人说，"我们今天的嘉宾是来自得州达拉斯的两个男人，他们之间有一段关于友谊的美好故事。"

然后主持人转向丹佛，突然，丹佛呆住了，如同一只兔子被迎面而来的拖车吓得立在道路中间一动不动。

"摩尔先生，"主持人问，"你能稍微谈谈你们的这本书吗？"

石头一般的沉默。

嘀嗒。

嘀嗒。

嘀嗒。

嘀嗒。

我正要跳出来回答这个问题，丹佛开口了："先生，跟你说实话，我不识字，也不会写字，这本书不是我写的，我也永远不可能读这本书。下个问题是什么？"

表面上，我像个白痴一样咧嘴笑了笑。而我的内心乱作一团。我突然想起丹佛对我说："这是**上帝**的书！"

我想，**这是件好事，因为上帝会帮助我们上其他的电视节目。**

What difference do it make?

16. _____

朗

上帝的确帮助了我们。2006 年下半年，我和丹佛在各个城市之间来回穿梭，聆听我们的"零地带"读者讲述他们自己的故事。他们读了《世界上的另一个你》后，立马就明白了黛博拉用一生来诠释的简单道理：爱上帝即爱人们，爱人们即为上帝创造不同。

譬如达拉斯的吉尔·比。她把这本书送给了住在亚特兰大的朋友大卫·史密斯。此后九个月的时间里，大卫买了六千五百本《世界上的另一个你》，免费送给人们——播下一粒种子，收获一片森林。第十个月，大卫在佐治亚世界会议中心举办了亚特兰大市有史以来规模最大的募捐活动，为这座城市的游民救济机构募集了将近100万美元的善款。

再譬如，一位女士在纽约锡拉丘兹的公共图书馆借了一本《世界上的另一个你》，只是因为她在新书区看到这本书，很喜欢这本书的封面。这件事情看似偶然，后来却彻底改变了几千英里外太平洋沿岸、美国西北部地区人们的生活。

读了黛博拉的故事后，这位女士给她住在华盛顿州帕斯科的哥哥唐打了个电话，告诉他，自己虽然不像哥哥那样相信上帝，但她非常喜欢我们的"关于上帝的故事"。

唐在附近的书店找到我们的书，读过之后，他把书推荐给自己的牧师，非国教浸会教堂的戴夫。之后的一个星期内，戴夫把《世界上的另一个你》读了两遍半，然后开始编写一系列关于慈悲、宽恕和爱那些不可爱的人的布道。

这个故事并没有就此结束，接下来发生的事情会让你们觉得我在炫耀我们卖出了一卡车的书。故事的重点不在于此，所以再坚持一下。

2006年9月最后的一个星期天，戴夫牧师开始了他六场布道的第一场。他告诉两千五百多名会众，他希望每个人都能读一读这本书。几个小时后，他的电话响了。是当地邦诺书店的经理打来的，说："你都跟人们说了什么？这本书我们从未听说过，现在我们接到了将近一千本的预订！"

后来，戴夫牧师想到了另一个主意。他要邀请我和丹佛到华盛顿州去，在他的教堂里做演讲。戴夫牧师满怀信心地再次拿起电话，手里捏着我的手机号码，也不知道他是怎么弄到的。

一千五百英里外，我在新墨西哥州天使火城附近一座山顶上的古老小木屋里，同时听到了两个声音：

丁零丁零！丁零丁零！……

以及……

"赶紧关掉！"

第一个声音是我的手机响了。第二个声音是我的狩猎伙伴罗伯·法雷尔，他气得直跳脚，因为我的电话铃声可能吓跑了那只我们已经追踪了两天的**大麋鹿**。

我有些尴尬，却希望是关于书的好消息，所以我低声接起电话："喂？"

"是《世界上的另一你》的作者朗·霍尔吗？"戴夫牧师问。

"是的。"我低声回答。

"赞美天主！"戴夫牧师说，"你干吗这么小声？"

"因为我正在新墨西哥州的山顶上猎捕麋鹿，"我依然低声说，"我们已经在这里坐了好几天，就等着麋鹿来。"

戴夫牧师可能没明白我的处境，他开始大讲特讲发生在他教堂里的故事，并邀请我和丹佛过去做演讲。我们通了十分钟的电话——其间罗伯不时投来愤怒的目光，而我低声发出几个简短的音节，让戴夫牧师知道我还没被罗伯开枪打死——之后我挂了电话。

罗伯最后朝我皱了皱眉头，说："你毁了我们整个狩猎行动。"

五分钟后，我射中了一只大麋鹿，足以让我名列最佳射手榜。

现在，我要解释一下前面我让大家再坚持一下的原因。两周之后，我接到一个女人的电话，她参加了戴夫牧师关于《世界上的另一个你》的第一期布道。几个月以来，她觉得自己几乎要被泥沼淹没——婚姻失败，健康堪忧，昔日充满活力的精神生活难以为继。她和丈夫虽然身在同一屋檐下，精神上却相隔万里，如同两只小船各在深深太平洋的一端。而让他们继续划行的动力是他们的两个年幼的孩子。

"我丈夫是临床性抑郁症患者，"她告诉我，"医生不知道具体原因是什么，但他有自杀倾向，而且无法继续工作。我每天去上班后，他就关上门躺在床上。每天下午回到家，我都不确定他是否还活着。"

她说，可是上周的某一天，事情有了变化。她像平时一样下班回到家，走进卧室时，她听到了哭泣声。

哭声是从壁橱里发出的。

她的第一个念头是她丈夫自杀未遂。她感到很恐怖，但还是伸手打开了壁橱。她看到自己的丈夫蜷缩在步入式壁橱的地板上，躺在几双鞋中间，眼泪顺着他的面颊和脖子流下来，胸膛随着抽泣一起一伏，哭声好像是来自他的灵魂深处。

他抬眼看着她，说："我在你的床头柜上发现了这本书。"他继续哭泣，而他的妻子难以置信地盯着丈夫头边的那本《世界上的另一个你》。"我一直都有外遇。这毁了我的生活，也毁了你的生活，还会毁了我们的家庭。这些让我受尽折磨，我为自己造成的痛苦感到羞愧，我自己也非常痛苦，我觉得只有我死了，才是对大家都好的结局。"

我在电话里倾听这个女人讲述自己的故事，我完全明白她丈夫的感受。当初我对黛博拉不忠的时候，我觉得自己像是把她撕了个粉碎。这种内疚感让我受尽折磨，就好像我拿起斧头对着一个无辜者的脖子。

那个女人继续讲述她的故事。她看着躺在壁橱地板上的丈夫，他说："今天，我在这本书里读到黛比原谅了朗，那个跟我犯了同样错误的男人。如果你也能像她一样原谅我，我保证会像他一样爱你，尊敬你。"

我举着电话坐在那里，为这一连串不可思议的事情感到震惊：起初只是一个女人因为喜欢一本书的封面而在锡拉丘兹图书馆借了一本书，结果却在华盛顿州拯救了一段婚姻，而中间还穿插了一场麋鹿狩猎。如果当初得州的一位普通女人黛博拉没有决定要原谅自己的丈夫，而一个不识字也不会写字的男人没有决定要写一本书，这一切就都不会发生。

突然，我看到天国里无所不知的上帝注视着这些似乎毫无关联的人，搓着双手对天使说："来看看**这个**！"

那次神奇通话后的两个星期，我和丹佛见到了那个女人和她的家人，他们觉得自己是伟大奇迹的受益者。而我觉得，有时候，上帝会以非凡的复活式的伟大壮举来回应我们要求治愈的祈祷。但是更多的时候，他会借助于最谦卑的工具，比如一个不识字的无家可归的人，或者一个在图书馆借了一本书的不信上帝的女人。

蔓蒂
祝福储钱罐

一句谦卑的祷告语和一段与商店店员的对话，使蔓蒂·埃尔莫尔走上了帮助孩子、帮助他人的道路，而蔓蒂自己无法**接近**小孩子。2008年，一个小男孩在蔓蒂身边打了个喷嚏。两天之后，她就住进了医院，而那一年她也只进了三次医院。现年三十六岁的蔓蒂患有囊性纤维变性，这种慢性呼吸道疾病使人很容易感染，还有可能为此丧命。

"我一旦感冒，两天内必定会引发肺炎。"蔓蒂告诉我们。这就意味着她要小心传染病，也就是说，在孩子附近她要**特别**小心，尤其是那些随身携带细菌的小孩子。作为一位囊性纤维变性患者，她也不能有自己的孩子。而最令人心酸、最具讽刺意味的是，蔓蒂·埃尔莫尔非常爱孩子。

"我和我丈夫马特算是比较独特的夫妻，不管是在同龄人中，还是在我们的社区甚至我们的世界里。"蔓蒂说，"我们生活在得州，这里平均每个家庭有2.5个孩子。而我们没有机会参加少年棒球联赛，也没有机会跟其他人交流有关孩子的故事。我们跟其他人是不同的，有时这种不同让我们很难过。有时候，人们会因为要带孩子去少年棒球联盟而抱怨不止，我们听到这些抱怨时心里很难过。"

所以当蔓蒂心中有个声音说自己要去帮助孩子们的时候，对她简直是个折磨。2007年，她感觉到上帝要让她为孩子们做些事情。"但是我不知道上帝要我做什么。我没有孩子，我甚至不能接近孩子。我不知道该怎么办。"

然后，她的朋友玛丽·琳恩送了她一本书——《世界上的另一个你》。

读了黛博拉·霍尔恪守承诺帮助无家可归者的故事后，蔓蒂明白了自己也想竭尽所能完成上帝交办的任何事情。她知道自己想为孩子们做些事情，却不知道怎么做。做祷告时，她向上帝呼喊："主啊，请助我找到目标，请给我指引，"还祈祷说，"让我成就您的目的，同时也成就自己的目的。我知道其中定有原因，请指示我该怎么做。"

10月份，上帝确实给了她指引。蔓蒂和马特为家人买圣诞礼物时，她看到了一个带有十字架的儿童储钱罐。可是当她让商店店员给自己拿一下"那个十字架储钱罐"的时候，店员却说："错了，这个是十字架，这个是储钱罐。这是两件不同的东西。"

如同一道闪电点亮整片黄昏的天空，蔓蒂的内心忽然闪出一个灵感。她对马特说："我知道是什么了！"

"你知道什么是什么了？"马特问道，一脸疑问。

"我知道我们要做什么了！"

那一刻，蔓蒂完全清楚自己的决心。"我们要给孩子们做储钱罐，让他们学会为他人付出！"

天黑前，蔓蒂和马特回到家，开始上网搜索是否已经有人做过蔓蒂要做的事情。他们在网上什么也没搜到，所以蔓蒂就去了工艺品店，抱了一堆软木回来。

"我之前根本不知道软木是什么，"她说，"我是世界上最没有创造性的人。"

此后的三天，马特惊奇地看着蔓蒂设计并做成了四个给孩子用的储钱罐。她一直工作到深夜，心里燃烧着一个信念：她领会了上帝的讯息。这个讯息就是她父亲曾经传递给自己的：慷慨地为他人付出。储钱罐可以让孩子们把钱存起来，送给有需要的人。马特为它取了个名字，他们称这些小盒子为"祝福储钱罐"。

"如果我们不能有自己的孩子，也许我们可以帮助其他父母教育孩子要心怀怜悯。"马特回忆说。

2008 年 11 月，蔓蒂开始给木制玩具制造商打电话，希望他们能批量生产自己的储钱罐。毕竟，谁想要一个软木做的储钱罐呢？

她联系了一家全国最大的木制火车制造商。接听电话的人很用心地倾听蔓蒂讲述自己的软木原型，然后委婉地拒绝了她。他说，他觉得祝福储钱罐的主意很棒，而且明白蔓蒂是出于好心，但是他们公司客户很多，有太多工作要做。不过，出于客气，他同意看一看蔓蒂的软木作品。

"我把那四个储钱罐给他寄过去，还有那本书。"她指的是《世界上的另一个你》。她还寄去一张字条，上面写着："读读这本书，你会有所启发。你永远不知道上帝为我们做了怎样的安排。"

然后，蔓蒂聚集了一群朋友，一起祈祷这位非常成功的商人能被打动，与一位完全不懂商业的得州女人合作。

六周之后，蔓蒂的电话响了。她不知道是那位商人还是他的妻子读了那本书。2009 年 1 月，这位商人打电话告诉蔓蒂："我的妻子是癌症患者，她对黛博拉·霍尔的故事非常感兴趣，她说我肯定是疯了，才不愿帮忙做这些储钱罐。"

很快，一个合格的原型完成了。几个星期后，祝福储钱罐就可以上市了。上面附带着一张祈福卡，很适合激发孩子们的小小善心："亲爱的上帝，感谢您的赐福。请帮我用这个储钱罐给他人带去祝福吧。"

蔓蒂和马特开通了一个地址为 www.blessingbanks.com 的网站。慢慢地，储钱罐开始热销。家长们开始打电话过来，汇报这些储钱罐给孩子们带来的影响。

在康涅狄格州，一个小女孩的好朋友在大火中失去了家园。小女孩把自己所有的钱都存在祝福储钱罐里，然后送给了她的好朋友。

在达拉斯，一个小孩子把钱存在祝福储钱罐里，要为这座城市里没有鞋穿的孩子们买双鞋。

在埃尔帕索，一家精品店的店主打电话给蔓蒂说，她买了大批祝福储钱罐在自己的店里出售。她说，她自己的小儿子以前从未对存钱感兴趣过，但自从她给儿子买了祝福储钱罐之后，他就问妈妈，自己是不是可以做些家务来赚钱，好把储钱罐装满。但是仅靠做家务赚钱的速度太慢，他就决定去卖石子。当人们听了这个小男孩卖石子的**原因**后，都会从他这里买石头。

蔓蒂说："这些小孩子都做到了。我们需要的只是一颗愿意付出的心。"

What difference do it make?

17. _____

丹佛

　　我是巴兰丁先生还住在机构的时候认识他的。丹佛告诉我和黛博拉，在我们开始去机构服务前，有一天，他看见一辆车高速开到东兰卡斯特街的人行道前。司机把一个老人推下前座，抛出一只老旧的旅行家牌行李箱，然后呼啸着开走。老人被遗弃在人行道上，走路摇摇晃晃，像个喝醉的水手上岸放假，嘴里是一连串含糊的诅咒。然而对丹佛而言，他看起来也有点……害怕。那时，丹佛还是座"孤岛"，板着脸独来独往，不管别人的闲事。然而不知是什么，那老人拨动了他的心弦。现在回想起来，或许是因为那老人看起来十分无助。

　　丹佛走到老人面前，要扶他走进机构里。老人只是咒骂他，叫他黑鬼。

　　我搬去与朗先生一起住了很久之后，一位女士给我打电话，说她是一家公立养老院的护士，负责照顾我的朋友巴兰丁先生。

她说他的情况不太好，可能没有多长时间了。巴兰丁先生告诉她，他想见我最后一面。

巴兰丁来联合福音慈善机构的第一天，我就认识了他。他不是志愿者，他儿子把车停在路边，把他从车上卸到人行道上，抛出一只手提箱，然后就迅速开车离去了，如同银行抢劫者迅速离开犯罪现场。自那之后，巴兰丁先生就再没见过他的任何家人。

他年龄很大，八十多岁了，行动不便，也没有人喜欢他，因为他如同水蝮蛇一样刻薄。事实上，我第一次想帮助他，就是在他儿子把他从汽车里推下来的那天。

"嘿，我来帮你拿这个吧。"我伸手去提他破旧不堪的手提箱。

"滚开，黑鬼！"巴兰丁先生说。他还骂了其他脏话，我不想在此提及。

但是这个老人身上的某种东西让我很想帮他。他行动不便，无法下楼去慈善机构的餐厅吃饭，所以我每次都会帮他拿一份。每次他都叫我黑鬼，但我告诉自己也许他就是这样长大的，这个称呼并没什么恶意。再说了，他总要吃东西啊。

后来他的健康每况愈下，席斯勒先生说慈善机构再也无法照顾巴兰丁先生了，所以他们把他送到一家要多差有多差的养老院。我记得有一次，朗先生的朋友给巴兰丁买了一些香烟和安素。巴兰丁对我说：

"那个人又不认识我，干吗买香烟给我？"

"因为他信上帝。"

"我还是不懂。总之，你知道我讨厌他们。"

我没说什么，只是坐在一把橘色塑料椅子上，看着巴兰丁先生躺在床上。然后，我跟他说："我也信上帝。"

我真希望你能看到他脸上的表情。沉默了一下，他开始道歉。我认识他以来，他不断地咒骂。我猜他是忽然想到，我照顾他这段时间，他都在不断地骂我，已长达三年。

"丹佛，很抱歉我一直叫你黑鬼。"他说。

我告诉巴兰丁先生没关系，从那天起，他就不再叫我黑鬼了。

那位护士在电话里告诉我，他们已经把巴兰丁先生送到另一个地方，然后我就去看望他。这个地方靠近沃思堡市中心，从慈善机构出发穿过贫民窟就到了。这个新地方并不比原来的地方好多少。护工只是给他送来食物，然后就离开，什么也不为他做。

护士在电话里告诉我，他的癌症非常严重，已经从喉咙恶化到舌头。我按照指示来到他的房间门前，推门进去的时候，巴兰丁先生正在睡觉。我什么也没说，只是静静地站在床尾。他几乎赤裸着，身上只盖着一条被单，上面脏兮兮的。他瘦骨嶙峋的脚指头上指甲很厚，如同薯片一般。灰色的脑袋油腻腻的，头发如同烂棉花一样一缕缕地翘起来。

我不知道巴兰丁先生是否知道我来看他，但他突然开口说："哦，丹佛。见到你真高兴。"

他的声音听起来很粗糙，好像嘴里满是沙子和铁丝。

"你感觉怎么样，巴兰丁先生？"我问。

"不太好，丹佛。没有多少时间了。根本没有时间了。"

"你祈祷了吗？"我问。我曾带他去过教堂，他也很喜欢，但是我不知道之后他是否还与上帝有联络。

"我不确定，"他一边说一边稍稍转身，看着我，"但是我希望你能明白，我非常感谢你过去对我的照顾，在机构给我带食物，很多很多。你是我真正的朋友，丹佛，也许是我唯一的朋友。"

我走到床边，低头看着巴兰丁先生，他是那么衰弱。我想到他的儿子，像扔垃圾一样把他扔在路边。我想到他也曾是别人的儿子、别人的真爱、别人的丈夫。而现在，他躺在这里，快要死了，除了我这个悲伤的伙伴，再没有其他人来向他告别。

"巴兰丁先生，"我说，"我为你做的一切，都是别人曾经为我做过的。"

"就算这样，丹佛，你也是在我一点也不可爱的时候，唯一给我爱的人。我只想让你知道，我永远不会忘记。"

巴兰丁眼睛里闪烁着光芒，他对我说："丹佛，我还有一件事情要告诉你。"

"什么事？"

"你**还是**个黑鬼！"

我们一起笑了起来，然后巴兰丁先生咳嗽起来，但马上就静下来非常认真地看着我。最后他闭上了眼睛，悄悄地走了。我非常荣幸能看着他去了另一个世界。

乔舒亚
白色污点

乔舒亚·普拉姆利从未想过要写本书或成为著名的画家。"如果我想这么做的话，"他说，"我可能就会去艺术画廊或去追随那个叫约翰·格里森姆的人。"

而他并不这么想，所以他给我们写了一封信，告诉我们一个关于种族斗争的故事。

"如果我告诉我的妻子我要写这封信给你们，我能想象到她的反应，"他在信中写道，"她会沉默地凝视着我，有时她发现我没怎么用心的时候，就是这么表达她的爱意。"

而在亚拉巴马州伯明翰长大、被称为"白色污点"的乔舒亚说，他是被驱使着写这封信的。

"我从小就跟黑人孩子一起玩。"乔舒亚说。他在民权运动的阴影下长大。"我从没想过皮肤的颜色意味着上帝是否爱你。"

其实，乔舒亚记忆中最美好的时光，是和朋友梅尔文一起收集松果，然后点着了，像扔手榴弹一样朝松鼠扔去。

而伯明翰的白人们对这样的行为嗤之以鼻。人们普遍认为，小男孩完全可以这样戏弄森林里的动物，但是他应该跟自己种族的孩子一起。

"一天，一个白人女子问我，为何要浪费时间跟这些黑人孩子混在一起。"乔舒亚说。那时是 20 世纪 80 年代。

许多年后，乔舒亚娶了一个非洲裔美国女人。2002 年，他跪下来祈祷上帝让他妈妈战胜癌症，连牛仔裤的膝盖都跪破了。

"请打败癌症！"他祈祷说，"不要把我妈妈带走！"

他的妈妈名叫黛比。

"而上帝治愈了我的妈妈，从此我开始相信奇迹，"乔舒亚说，"如果我早点相信上帝，也许会看到更多奇迹。遗憾的是，很多人都心怀仇恨，孤独地死去。二十九岁的我终于明白，人们之所以看不到耶稣，最大的原因是他们憎恨其他人皮肤的颜色。"

What difference do it make?

第三部分

我们的书和它
所创造的奇迹

18. _____

朗

《世界上的另一个你》出版后的第十八个月，我把一份《纽约时报》周末版带给爸爸妈妈看。我们的书奇迹般地出现在畅销书榜单上。

"不是开玩笑吧？"爸爸说，"怎么会有人想读一本关于你和丹佛的书？你们又不是什么名人，更不是约翰·格里森姆！"

我强压住心中的怒火。"你说得对，爸爸。我们两个都是无足轻重的人。不过好消息是，我们都被一位名叫黛博拉的重要人物深爱着。"

这深深地触动了我。除了黛博拉的爱和她基督一般的宽恕——我不配得到这样的宽恕——我和丹佛没有其他的故事可以讲给人们听。她把我的罪远远地扔到太平洋里，从此不再提及。十二年里，我没有一天不想起自己曾犯下的错误。我不知道她是否会想起，但她从未表示出自己还记得这些。

我相信爸爸从未有意要伤害我，如同我从未有意要伤害黛比一样。但是在漫长的六十年时间里，我不愿原谅他，拒绝去爱他。当然，我也会做一些让他和妈妈高兴的事情。表面上，我表现得像个好儿子。但在一些细小的方面，我曾惩罚他，鄙视他的弱点。黛博拉很轻易地就原谅了我，而我紧抓着自己的憎恨，不愿放手。这次该我放开怨恨，真正地原谅他——尽管他不配被原谅——以后再也不对他心怀怨恨。

那天，我邀请爸爸来罗基顶住几天，就我们两个人。他带了一只短途旅行包，还有一顶斯泰森毡帽，那是我们买下牧场的那年圣诞节我买给他的。我们坐在露台上看着河对岸的荒野，老鹰栖息在白杨树林。星星在空中闪烁，我燃起火堆，开了一瓶红葡萄酒，点燃两支大卫杜夫雪茄。我们把酒言欢，追忆往事。他哭了，我也哭了。

他跟我讲他外祖父的故事。他的外祖父生于 1860 年，是个牲畜贩子，十四岁就开始赶着牛到处走。他名叫弗兰克·霍普森，做过牛仔和马贩子，曾在汉密尔顿镇和海克镇居住，离我们当时所在的地方不过三十英里之遥。弗兰克是我的曾外祖父，是克拉拉的爸爸，我之前从未听说过他的事情。爸爸和三姐妹照顾了他二十年，直到 1937 年他去世。我虽然没有机会认识他，但我很小的时候曾梦想成为一个像他那样的牛仔。那天晚上，我和爸爸遥望着布拉索斯河，我得以结识了弗兰克·霍普森。

"今天是我一生中最开心的一天，"那天晚上，厄尔对我说，声音中还带着啜泣，"我已经八十九岁了，之前从没想到会跟你一起喝酒！"

这种感觉真好。真美妙。

后来，篝火慢慢化为灰烬，爸爸开始背诵诗歌。先是一首朗费罗的诗，然后是罗伯特·弗罗斯特的那首《未选择的路》。那一刻，我感到很惊讶。我从未想到他会对文学或任何形式的文化感兴趣。但是他背诵得非常好——音调和节奏都很完美。怪不得他那些伙伴都喜欢跟他一起喝酒，他真的很聪明、很风趣。

我给他朗读了我为外祖父杰克·布鲁克斯写的一首小诗。我给这首诗取名为《靴子太大》。爸爸哭了，他不知道我是那么爱他的岳父。他从未真正地去了解过他（外祖父也不喝酒）。

"为我写一首诗吧。"那天晚上，厄尔说。

我会的，尽管我现在还没想到怎么写。通过一瓶酒和两支雪茄，我按照爸爸一贯的方式认识了他。有生以来第一次，我挺喜欢他。

我们谈到耶稣。十五年前，我哥哥曾与他一起祈祷能获得拯救。爸爸说，他相信自己已然被拯救。我也相信。我们再次祈祷，感谢上帝没有收回这份礼物。

午夜过后，火已燃尽。我们把葡萄酒渣都几乎喝光了，然后我扶他回房间。

"今天是我一生中最开心的一天！"他再次宣布。

我们终于在某件事情上达成了一致意见。那天也是我一生中最开心的一天。

那年圣诞节，我送了爸爸一加仑杰克丹尼威士忌。他又哭了，说："这是我收到的最好的礼物！"

而几年前，我刚为他翻修了整座房子，给他买了一整套新家具，还给了他一辆大切诺基吉普车！不过，他很为这瓶酒感到骄傲。他把那瓶"黑色杰克"端放在咖啡桌上，叫了所有的朋友和邻居来参观，仿佛这瓶酒是一座亨利·摩尔的雕像。他觉得这瓶酒太宝贵，不是用来喝的。他从未打开过，而是一直放在那里展出。毕竟，这是他最喜爱的礼物。而他已年满九十岁。

19. _____

丹佛

　　当我还是个小家伙时，人们说有一个人叫罗斯福，他住在一栋白色房子里，试着改善有色人种的生活条件。但是还有很多白人，尤其是警长他们，希望一切维持原状。这经常让有色人非常气馁，然后他们决定站起来就走，抛弃自己的女人和小孩。有的人是坏蛋，但有些只是很羞愧自己没办法做得更好。那也不算是理由，但这是真相。

　　原来我以为露佩·莫奇森的房子很大，因为我还没见到总统和夫人居住的地方。我从没想到自己会去白宫。我甚至从未有过这样的期待。所以当我和朗先生乘坐深蓝色的豪华轿车来到白宫大门前，我觉得一切像是电影。

我和朗先生受邀到白宫与布什家人共进午餐。午餐只是（小）布什总统的母亲主持的读书庆典中的一个环节。我想，她肯定酷爱读书。我们的车绕过一条环形车道，来到由海军守卫的门前。他们穿着深蓝色的制服，看上去非常敏捷。我们从轿车里出来，他们连眼都没眨一下。我很高兴他们没有为难我。

我们来到白宫内，走进一个富丽堂皇的房间，朗先生说是用来接待外交官的。这个房间非常不错，墙上挂满了旧时名人的画作。房间里的地毯、鲜花和巨大的亮晶晶的吊灯都让我想起了沃思堡的华盛顿酒店，我曾在那里代表黛比小姐接受了一个奖项。过去我躺在这座酒店外面的暖气口取暖的时候，从未曾想到自己有朝一日能进到酒店里面。

而现在我在总统的家里，我们还会见到（老）布什夫人喜爱的其他作家。很快他们陆续进来了，其中一位是马库斯·鲁特埃勒。

朗先生说过他是位战争英雄，参加过阿富汗战争，并获得了海军十字勋章。我非常荣幸能见到他。他是陪同一位女士来的，而这位女士是得州州长的妻子。

"丹佛，午餐时，我希望你能坐在我旁边。"她说。

其他作家也都进来了，我被介绍给他们认识。其中包括我常在电视上看到的体育名人吉姆·南斯，他也写了一本书。

我们稍微参观了一下这个地方，甚至还从总统的办公室旁边经过，之后还乘坐了总统的私人电梯，总统会乘坐这部电梯到楼上歇息或进餐。一路上，我遇到一些身穿西装、戴着耳麦的人。他们都很和善，但是我敢说，要是我的眼睛稍微露出一丝敌意，他们就会毫不犹豫地把我打倒在高档的地毯上。

朗先生首先上去了，因为电梯每次只能载几个人。然后我也上了电梯，电梯门打开后，我看到两位白人女士正微笑着看着我。

"丹佛·摩尔！"一位满头银发、戴着项链的夫人说，"终于见到你，真是太高兴了！我们能拥抱一下吗？"

我不知道是否应该这么做，因为过去我曾因为白人女士遇到不少麻烦。这时，朗先生靠过来说："没问题的。这位是（小）布什总统的母亲芭芭拉·布什。"于是我走过去，拥抱了布什夫人。她闻起来真香，像花一样。

她旁边还站着一位女士，我在电视上见过她很多次，知道她是、（小）布什总统的夫人劳拉·布什。

然后，她们中的一位对我说——我不记得是哪位了——她为我学会了读书写字感到高兴。那之前的几年中，我一直在努力学习读书写字。我不知道自己是否应该为此感到骄傲，但是我承认，这让我去城里的时候容易了很多。

劳拉·布什说，她丈夫会过来见我们，但是他现在正忙，问我们想不想到阳台上去吃些小点心。

我们去阳台的路上，朗先生告诉我，我们是在白宫中的住宅区，是历届总统生活的地方。当我们走到阳台，就有一位总统坐在那里！是芭芭拉·布什的丈夫，老布什总统。他对我非常好。

阳台外是温暖的春日，我们可以看到一个很大的池塘和那座著名的雕像，如同一根巨大的铁路道钉直指苍穹。我坐在一张桌子前，戴着领结的服务生端着盘子走过来，盘子里盛满美食。之前，我曾在朗先生带我去的高级地方见到过。但是我很紧张，不敢吃太多，因为我怕朗先生帮我配的假牙会掉下来。之前曾掉下来过，我可不愿在总统面前发生类似的事情！

我们坐在外面喝着饮料，后来（老）布什夫人问我们是否愿意让她带我们四处参观一下。我记忆深刻的是她带我们去的两个地方。一个是总统的私人办公室。里面有台电视，我想他可以坐在那里看看篮球赛。办公室里最奇妙的是那张办公桌。布什夫人告诉我们，多年前林肯总统曾在这张桌子前签署了《解放宣言》。我想，这真是了不起——我一个黑人，一个奴隶的后代，能作为白宫的贵宾站在这里，看着眼前这张桌子，一位伟人曾在这里签署了一份文件，使我的家人获得自由。我做梦也没想到这些。

我们去的第二个地方是林肯总统的卧室。我发誓那里的一切都是黄金做的！黄金窗帘，黄金地毯，黄金椅子。床头上还挂着一项巨大的金色王冠。我站在那里，惊得张大嘴巴。这时，我听到劳拉·布什说："亲爱的，真高兴你能过来。"

我转过身，看到的不是别人，而是（小）布什总统本人。

乔治·沃克·布什向我走来，伸出他的手，说："丹佛·摩尔！真荣幸能见到你。"

到此为止，我觉得自己真的是在做梦。美利坚合众国的总统如此对待我这个大街上流浪的无家可归的人，就好像我是一个非常重要的人物。我不会思考了。我甚至不记得当时我是怎么回应他的……我想，大概是也很高兴见到他之类的话。我与乔治·沃克·布什握了手，虽然我不是谷仓里最聪明的狐狸，但那次握手让我想起了我的整个人生：每年辛苦劳作来偿还主人的债务；经过饮水机却不敢喝水，因为有色人种不能喝那里的水；一辈子的大部分时候都被人叫作黑鬼。十六岁那年，有人把绳子套在我的脖子上，将我拖在马后面。在沃思堡的喷泉里抓痒洗澡。而现在，我一个曾坐过牢的佃农，与美国最有权力的人握了手。

这一切得以发生不是因为别的，而是因为爱。黛比小姐对游民的爱把我一路带到白宫。而当总统握着我的手的时候，上帝让我想起了他在《圣经》里说的那句话："一切在我面前都是可能的。"

一切。你听到了吗？

与朗先生一样，总统也是地道的得州人，穿着皮靴，系着牛仔皮带。我非常喜欢这样的装束，这让他看起来很像平常人。

然后（小）布什先生走向那位战争英雄马库斯，我现在还清楚地记得他说的话。他说："马库斯，当初我授予你奖章的时候也给了你我的电话号码，我说你随时可以打电话给我，不管白天还是晚上。你为了我们的国家甘冒危险，命悬一线，我想为你做些什么，无论什么。可你一直没有给我打电话。我希望你能打电话给我。"

马库斯笑了，非常谦卑地说："是的，先生，我有你的号码，需要的时候，我会打电话给你。"

然后我们从林肯的卧室出来，回到走廊，又去参观了其他地方。总统与我们一起待了大约三十分钟。他和朗先生都认识达拉斯的一些人，我听到他们说，当年卡森和芮根以及（小）布什家的女儿还是小孩子时，朗先生和黛比小姐曾坐在（小）布什夫妇后面，观看得州游骑兵棒球队的比赛，当时（小）布什先生是得州游骑兵的股东。

不久，有人出来告诉我们："午餐准备好了。"我们就都走进了一间高雅的餐厅。总统不能与我们共进午餐。劳拉·布什解释说，某个国家发生了什么事情，需要总统去处理。

好了，要吃午餐了。我不记得他们都上了什么菜，不过戴着黑色领结的服务生给我们端上来很多盘子，盛着各种各样的食物。我非常喜欢那天的食物，可我还是很担心自己的假牙。

有人把我介绍给（小）布什总统的弟弟和妹妹。当时在座的还有一位女士，她也写了一本书，我现在还记得书名，因为我很喜欢它的发音：《玻璃城堡》。

所有人对我都很好。午餐即将结束的时候，我想我应该说些什么表示感谢，所以我说："我想要感谢大家今天邀请我过来，这是我一生中最大的荣幸。我希望我能一一感谢你们，但是说实话，你们布什家的人长得都很像。实际上，你们白人长得都很像。"

我只是实话实说，但我还是觉得，朗先生可能会心脏病发作。

回想那天，我无法相信自己能在白宫与劳拉·布什和得州州长的妻子共进午餐。我不知道自己是高兴还是害怕。这让我想起那次在慈善机构外面，黛比小姐和其他白人女士坐在汽车里，试图说服我一起参加他们的林间礼拜。当然，这次在白宫只是吃饭，而且旁边只有**两位**白人女士。我想自己可以更好地应付，毕竟上次是跟一车的白人女人一起去山上，而且她们还要为我大声祈祷。

当然，如果我没参加那次林间礼拜，如果没有那么多的人为我祈祷，也许我就不会坐在白宫。我曾生活在游民丛林，而现在我与布什家人一起进餐。我知道，这需要很多很多祈祷才能实现。

卡门
霸道的白人女士

我真希望当初上帝创造黛比小姐之后，就打破了制造霸道白人女士的模型。但我知道，这如同希望奥普拉·温弗瑞向我求婚一样不可能。因为，我遇见了卡门·布朗小姐，她是佛罗里达州一家电台的主持人。卡门小姐主持一档叫作《戴夫、比尔、卡门早间巡航》的节目。她长得像是白人男人的梦中情人，我并不是说她对我就是噩梦，只是她让我感到极度不舒服。

首先，她通过电台节目让我和朗先生飞遍了整个佛罗里达州，如同乘着热气球一般。然后，她和她的电台朋友发起一场盛大的自行车骑行活动，为无家可归的人募捐，号召整个佛罗里达州的人参加。说实话，这位女士就算对一块木头说话，木头也会点头称是！两年多来，她一直在节目里谈论我和朗先生，而且没有要停止的迹象。

去见卡门小姐的路上，我获益良多——比如地理知识。我和朗先生第一次到佛罗里达州的时候，我们在海边吃早餐。说实话，我厌倦了朗先生拖着我全国各地到处跑，我问他，如果他真的是位成功的商人，为何不在我们第一次来的时候就把所有的事情都处理完，也省得我们来第二次？

朗先生一边喝咖啡一边看着我说："丹佛，我们是第一次来这里。"

"怎么可能！"我说，"我记得几个月前，我们已经来过这里，就坐在海边。"

"丹佛，那是在加利福尼亚，现在我们是在佛罗里达，这两个地方在美国的相反方向，相距三千英里。"

我惊奇地睁大眼睛问："朗先生，你是说佛罗里达州也有海？"

这不是我最后一次在佛罗里达州看海，因为后来卡门小姐一次次地邀请我过去。事实上，我只要接了她的电话，她就会让我忙到要死。

2007年的一天，她给我买了飞机票，还去机场接我。她是一个金发碧眼的白人女士，开着一辆里外洁白炫目的进口汽车。她像家人一样拥抱了我。她不在乎肤色，可我很在乎。我的脑海里闪现出自己曾经因为白人女士而惹上的麻烦——比如那次我想帮一位白人女士换轮胎，结果却被几个白人男孩用绳子套住脖子拖着走。我很害怕，非常害怕，如同一个参加三K党集会的兄弟。然后卡门小姐按了仪表盘上的某个按钮，整个车顶就打开了，缩进了后备厢。我就坐在一位白人女士的白色敞篷车的前座，如同雪堆里的一块黑炭。而卡门小姐非常骄傲，她载着我在城里四处逛，仿佛我是从月球归来的著名宇航员。

由于卡门小姐从事电台工作，她认识很多有名的歌手。我不是什么歌手，我也这么跟她说了，可是她毫不在意，因为她很喜欢黛比小姐。我说我什么也不会，她根本不听。不知不觉中，她就带我飞到了纳什维尔，还把我介绍给许多著名的歌手，比如克里斯·汤姆林。我还跟他们一起唱了许多歌。

回到得州后，卡门小姐再次出现了。这次是来朗先生的牧场，她拍了很多照片，问了很多问题，就像黛比小姐一样把我指挥过来指挥过去，还想跟我做好朋友。我想她做到了，因为现在卡门小姐是我最好的白人女性朋友。

What difference do it make?

20. _____

朗

到 2007 年年底，我和丹佛已经在全国各地来来往往了几十次，参加了至少二百五十场活动。我如此忙碌地到处奔走，希图改变这个世界，却从没想过，我也会像自己为之奔走的无家可归者一样消沉和困乏。

2008 年前五个月，我参加了将近一百场活动，之后我再次隐退到意大利。我坐飞机到了艺术家聚居区彼得拉桑塔，多少世纪以来，许多伟大的雕塑家为了这里著名的白色卡雷拉大理石而来。一天傍晚，我正与一群国际艺术家一起抽古巴雪茄，品尝当地的托斯卡纳葡萄酒，突然我的手机响了。

是妈妈打来的。爸爸摔倒了。妈妈拨打了急救电话，救护车已经把爸爸迅速送到了北山医院。

"儿子，赶紧回来吧，"她说，听上去她已经陷入绝境，"你爸爸要见你。他快把我逼疯了，我希望他可别真的逼疯我。"

不管谁听到这样的话，都会觉得妈妈太冷酷无情。可是过去几十年来，汤米·霍尔一直在忍受丈夫给自己带来的悲伤。她现在老了，我怎么能责怪她希望能稍微安静平和地离开这个世界。

我搭乘最早的航班离开罗马，但爸爸还是比我快。我刚到霍尔托姆市，他就已经离开医院回到家中。他回来了，如以往一样卑劣地抱怨救护车太贵："汤米就不该叫救护车，她应该叫邻居过来！我什么事儿都没有，只是站不起来而已！"

然后，他半开玩笑半认真地说："也许我和你妈妈应该搬过去跟你住。我想，那么大的房子就你和丹佛两个人住肯定很冷清。"

我笑着问他，是不是在演单口相声。

那周晚些时候，我坐在他们的门廊，与一位老邻居大卫聊天。

"朗尼·雷，我不想搬弄是非，可是我真的很担心你爸爸，"大卫说，"厄尔每天都会开着卡车出去好几次，也不知道是去了哪里。我们每次问他，他都不记得。只有一次大家都知道他去了哪里，因为他回来的时候带了一瓶占边威士忌。"

我望了一眼爸爸那辆停在车道上的红色小卡车。我知道他不是去无尾巴猴酒吧，因为这个酒吧二十多年前就关门了。

大卫看着我的眼睛说："他会害死人的，朗尼。"

我同意大卫的判断。

那天，我没收了父母的汽车钥匙。妈妈泰然处之，而爸爸像黑豹一样尖叫着要夺回钥匙，他大声争辩道："我又没撞过车，也没被罚过！"

我看着他说："爸爸，这都是因为上帝仁慈。"

那天晚上，他又摔倒了。妈妈又叫了救护车。几天后，我把他从北山医院转到一家疗养院——霍尔托姆疗养中心。他不愿接受我这样的安排，但他的医生没有给他其他选择。

我把他送到房间，里面有两张床，其中一张空着。这样挺好，因为室友会跟爸爸一起密谋逃跑。

厄尔看着护士长婕芮，一位五十多岁的金发女士，说："亲爱的，晚饭前我要两杯占边威士忌，不要太多可乐，饭后要一支雪茄。"

婕芮年轻时说不定曾是选美皇后，她有着护理人员标志性的甜美笑容和教官般尖锐的眼睛，她说："霍尔先生，您试试，您会露宿街头的。"

此后三个星期，爸爸如同身在戒瘾病房，他每天至少给我打十个电话。

"你为什么要把我扔在这里？"

"过来接我！"

"如果你爱我，就给我带点威士忌吧！"

我陷入了思考。这个人已经九十岁了，我很小的时候他就开始用酒精侵蚀自己的内脏。过去十多年，他一直接受治疗，现在也不剩下多少时日了。为何还让他过去的几个星期过得那么痛苦呢？

管他呢。我给他买了一大杯可乐，倒出来半杯，然后加满占边威士忌。

我到疗养院的时候，爸爸正坐在床边的轮椅上看电视。

我举起杯子，问他："要不要喝可乐？"

他摆了摆手："不要，我不想喝可乐。"

"你最好先喝一口再决定。"

我把可乐递给他，他喝了一口。他的脸上绽开灿烂的笑容，然后泪水盈满眼眶，他说："看来你真的爱我。"

我把可乐带给爸爸后没几天，我让妈妈搬过去陪他。其实他不需要同谋，护士稍不注意，他一个人就想逃走。

经过六十五年悲惨的婚姻生活，妈妈不愿去。但她最终还是同意搬到另一张床上。

第二天凌晨两点钟，我的电话响了。"朗，我房间里有个老女人，一整夜都在对我发火！"爸爸在电话里颤声说，"我什么也没做。没发生关系，什么也没有——该死的，我都没亲她，我也不想亲她！你能过来把她赶走吗？"

"一个老女人？"我语气里稍带嘲弄地问，"到底是谁啊？"

"该死的，我不知道她是谁！"

然后，我听到妈妈在房间的那头大喊："我是你老婆，你这个无知的浑蛋！"

然后，爸爸对我说："她说她是我老婆，可她不是。我不知道她是**谁**！"

就像在家里一样。

这样的争吵持续了好几天，把整个疗养中心震得如同狂风暴雨中的一叶摇摇晃晃的小舟。三个星期后的一天早上，医疗中心的主任给我打来电话。

"霍尔先生，很抱歉地告诉您，我们实在不得已，只好把您父亲驱逐出去。"然后，她向我罗列了一堆理由，家庭争吵，试图逃跑，完全不守规矩。她说："希望日落之前，您能过来帮他收拾行李，把他带走。"

我很恼火，因为把爸爸带走无疑让我很头疼。可是莫明的，我的心里突然冒出一丝同情。而这同情是因为我爸爸，这非常奇怪而陌生。可是这又不同于我对那些无家可归者的怜悯，过去十一年中，我已经帮助了很多无家可归的男男女女。

当然，他们中的很多人之所以会衣衫褴褛地睡在大桥下，完全是咎由自取。可是丹佛已经教育过我，要想去爱别人，帮助别人，就要摈弃温情的自以为是的光芒，不要去评判别人。

我已经建立了善人善事的好名声，不再妄自评判"那些坏人"——拾荒女人和流浪汉、瘾君子、酒鬼，以及出卖肉体的离家青少年。

这些都是陌生人。

而现在，我要学着同样对待自己的血亲。

我从不怀疑爸爸活该如其他酒鬼一样被丢出去，就像巴兰丁先生的儿子把他丢出汽车，扔在慈善机构的路边。我很同情巴兰丁先生，但是让我去同情那个给我生命的男人很难。还不只这些。厄尔·霍尔还是一个沉迷于酒精的不称职的父亲，一个非常糟糕的丈夫，一个十足的坏脾气的人。但是他给了我们六十五年的家庭生活，而我帮助过的无家可归者中很多都没有。

我小的时候，从未错过一餐饭。我有房子住，第一次买汽车的时候有贷款担保人。而爸爸从来没伸手向我要过钱，除了那次开玩笑，而那还是在我帮他重新装修了房子之后，他才知道我挺有钱。

爸爸虽然喝酒，却从未因此而误了工作。现在他老了，身体不行了，精神也不太好，他的妻子厌恶他，而他的儿子拥抱他的时候从来都是皱着鼻子。我的脑海里闪现一个令人苦恼的想法：我是如此肤浅，我的善心是如此浅薄，以至于我只会不加评判地去帮助那些没对我造成影响的人吗？

What difference do it make?

21. _____

丹佛

一天，我问朗先生："朗先生，这些白人总是邀请我们参加他们的《圣经》研讨会，可怎么没人邀请我们参加《圣经》实践活动？"

我不是说研究《圣经》不好。你需要研究《圣经》来了解生活规则。但是我发现，很多人只是读读《圣经》，从不按照书上说的去做。雅各书里说，不要只是**聆听**上帝说什么，而要按照他的旨意**行事**。而耶稣说，上帝会按照我们**所做的**而不是我们**所读的**，来辨别我们是好人还是坏人。

我跟一个名叫麦克·丹尼尔斯的聪明人讨论这个问题。我对他说："人们怎么会了解，麦克先生？"

"人们怎么会了解什么，摩尔先生？"他反问我。

"人们怎么会了解上帝，如果他们只是一头扎进书里？麦克先生，我跟你说这些，你不会恼怒，可是有些人会觉得我是个坏人，口出恶言什么的，可我不是。好多人似乎想把上帝从某些事、某些人那里拉开，但这是不可能的。你可明白我的意思，麦克先生？"

"是的，我想我明白你的意思。"麦克先生说。

"如果我们试图让上帝远离某个人，我们又怎能真正地了解上帝呢？我们仅仅通过某种宗教、某种体系，怎能了解他的真正面目？我的意思不是单单**知道**上帝，麦克先生，而是真真正正地**了解**上帝是谁。"

"麦克先生，这么多人希望通过**做**些事情来接触并了解上帝，仿佛是跟上帝谈条件。他们以为如果自己为上帝做事情，上帝就应该反过来为他们做些什么。他们以为我们在地上，而上帝远在天堂，遥不可及。人们大都以为只要我们学习了、研究了，**然后**我们就了解了，但是事实并非如此。根本不是如此。"

"你说得对，摩尔先生。事实并非如此。不是这样的，根本不是。"

"麦克先生，每个人都无时无刻不从外面找寻上帝。可他不在书中，也不在牧师口中，他不存在于任何外在的人或物。你要到里面寻找，因为上帝在我们心里——在我们内心最深处。没有人会让上帝开口对他讲话。如果人们以为可以通过读书或者听人宣讲就能了解上帝，那么他们就不会获得任何智慧。这些要从启示中获得。这些要从我们内心的圣灵获得，麦克先生，这些不容讨价还价。你无法获得启示。你无法赚取本就免费的东西。"

我参加过许多礼拜，我听到人们说，读了我们的故事后，他们觉得受到"指引"，去帮助那些无家可归的人，去接近那些穷困潦倒的人。可是在帮助一无所有的人这个问题上，上帝并未留下"感到指引"的余地。

耶稣说，上帝会根据我们为那些又饥又渴的人，那些关在监狱的囚犯，那些衣不遮体、上无片瓦的人所做的事情来**分辨**我们是好人还是坏人。而当你到了天堂，却发现自己什么也没做过，你该怎么办？难道你站在上帝面前，告诉他"我没有感觉到指引"吗？

你知道他会怎么回答吗？他会说："你不需要感觉到**指引**，因为我已经在《要旨》里写得一清二楚。"

让我们现实点吧。耶稣称为"最卑微者"中的大多数，并非你在乡村俱乐部见到的那些人。不是的，他们中的大多数是在监狱中或是大街上。而我们要走向**所有人**——不论贫富贵贱，不管光鲜肮脏——给他们同样的东西：上帝之爱。

我觉得之所以会出现这样的问题，部分原因是很多人都不愿面对这样的现实：他们要去爱那些不可爱的人，他们要去面对他们害怕的人。他们害怕踏出自己一贯的生活空间，因为他们怕这会害了自己，我说的对吧？因为，如果你对某些人感到恐惧，往往是因为你觉得他们会伤害自己。

　　大部分人希望被安全感环绕，而不喜欢意料之外的事物。意料之外会让你偏离轨道，但是意料之外也会把你带到另一片新天地，并改变你的生活。不要再心硬如石，让你的心柔软起来。

22. _____

朗

　　疗养中心的主任向我推荐了一家疗养院，这是整座城市唯一愿意接收我爸爸的疗养院，这家实行一级防范禁闭的机构专门接收惹是生非的老年人。那天下午，我把他带到这家疗养院。午夜刚过，一位护士打电话给我，说爸爸和他的室友先是进行了一场食物大战，之后发展成拳头互殴。我在脑海里想象整个画面：两个骨瘦如柴的老鬼身穿病号服，相互投掷碎豌豆和木薯粉，然后像世界摔跤联合会的摔跤手一样盘旋相持。

　　"我们把你父亲单独监禁起来了。"主任说。

第二天，我去看他的时候，他鼻青脸肿。

我想跟他讲话，他却冲我破口大骂。一周后，我带芮根和两岁的外孙女去看他。他们给他带了自己做的饼干。他把饼干打翻在地，还咒骂他们。我暗暗祈祷上帝，在我重新开始憎恨他之前，赶紧把他带走。

几周后的圣诞节，我带妈妈去看望爸爸。他们上一次见面，就把医疗中心的病房变成了战场。我把妈妈带到他的房间，准备迎接他充满敌意的欢迎。

令我震惊的是，厄尔非常温柔地说："哦，妈妈。过来亲亲我。"

我把妈妈扶到他的床边，她弯腰亲吻了他的嘴唇。

"我爱你，厄尔。"妈妈说。

"我也爱你，汤米。"

这样的时刻如同达·芬奇的画作一样罕见。

我感觉到这是他们最后一次见面，我希望能听到他们回忆往昔的美好时光，回忆多年前他们如何碰撞出爱的火花。可是他们似乎什么都不记得，抑或他们只想忘记所有的一切，只要铭记这一刻。他们什么都没有说，只是相互凝视彼此的眼睛。

在我送妈妈回疗养中心的路上，她告诉我，1942年10月，她从登顿市坐公交车回得州布卢明格罗夫，当时她在登顿市的北得克萨斯州教育学院读大三。她的爸爸，也就是我的外公杰克·

布鲁克斯先生在布卢明格罗夫经营一家棉花种植农场，他是我见过的最勤劳的人。

那年10月，妈妈回到家，告诉外公，她准备嫁给一个刚刚搭船去了菲尼克斯的士兵——厄尔·霍尔。没有人会浪费任何一个教人勤俭的机会，外公告诉妈妈，如果她帮忙捡一包棉花，他就帮她买一张到亚利桑那州的火车票。五天后，妈妈捡完了一包棉花，外公就载她去了火车站。

在开往霍尔托姆市的路上，听妈妈讲述这个故事，我仍无法得知她爱上厄尔·霍尔的原因，所以我问："那你为什么要嫁给他？"

她笑着说："因为嫁给他，我就不用再捡棉花了！"

这就是我要追寻的故事。我之所以会存在，完全因为妈妈对棉花地的反感。

卡罗琳
美丽的社区花园

十三年前，卡罗琳·斯诺放弃了在娱乐界巨头巴里·迪勒公司的工作，成为一位全职妈妈。而她和身为音乐销售主管的丈夫罗比，依然与娱乐界的朋友保持着联系。其中包括制片人马克·克莱曼，2006年，威尔·史密斯主演的电影《当幸福来敲门》就是他担任制片人。

2008年5月，他们去克莱曼家做客，马克将一本《世界上的另一个你》送给了卡罗琳。那时候，马克已经购买了这本书的版权，准备改编为电影。而他常常会把这本书介绍给朋友。

"读读这本书，我想知道你有什么想法。"他告诉卡罗琳。

她不但读了这本书，还成立了一个项目，现在仍在进行。

某天黎明前，卡罗琳去洛杉矶市中心的商业花卉市场，路上看到的无家可归者的生存状态让她很揪心。她说："我从第六大街出来，朝枫树街开去。你会发现人们裹着纸箱睡在大街上，马路两边帐篷林立。"

警察允许无家可归者晚上搭建临时住所，但要求他们早上六点之前要清理干净。"很多人会说：这些人不是酒鬼就是瘾君子，"卡罗琳说，"可是我记得一天早上，我看到一位母亲和她年幼的孩子正忙着整理东西。我也是位母亲，我无法想象这意味着什么。我想，这个女人一定是遭受了什么不幸，才沦落到这样的境地。想到这些，我的心都碎了。"

斯诺一家住在洛杉矶北部一座名叫圣克拉丽塔的小镇上。那里虽然鲜有无家可归的人，却有一个很大的拉美裔贫民区。读了《世界上的另一个你》之后，卡罗琳的脑海里冒出一种想法：建造一座社区花园，种植农作物，收获的农产品捐给食物站，用来周济那些无家可归的人和穷忙族。她想象中的花园既可以为有需要的人们提供营养丰富的食物，又能吸引孩子们过来帮忙，在他们自己的社区里学习播种与收获的道理。

"我觉得这样可以吸引人们参与其中，又不会拘泥于教会的形式，"卡罗琳说，"我自己并非一个非常虔诚的人。精神上我很虔诚，但不会虔诚地参加有组织的宗教活动。"

可是建造一座社区花园并非简单地找一块空地就可以开始耕种。要让孩子们参加这个项目，花园就要设在中心位置。这样的话，花园最好是建在一所公立学校里。

通过调研，卡罗琳了解到洛杉矶有一个名为花园学校基金会的组织。2003年，这个组织在洛杉矶市中心的二十四大街小学创办了一家标准花园。这所小学的学生全部来自低收入家庭，他们完全有资格免费享用学校午餐。花园学校基金会的理念是："学校应该像公园，而非监狱；要想了解食物，最好亲自种植；孩子们需要了解大自然，热爱大自然。"

卡罗琳去参观了那座标准花园，花园里整整齐齐地种着一排排蔬菜，中间有一个花园凉棚，几条长满芳草的小径蜿蜒其中。"在花园里劳动的孩子们非常有礼貌。"她仍记得。

当卡罗琳称赞孩子们的行为时，负责人告诉她，这些学生都是教育界称为"处境危险"的孩子。他们的家庭极其贫困，来自于充斥着帮派活动、犯罪和毒品的社区。

居住在高档社区的卡罗琳看着这些孩子的模范行为，想象他们晚上要回到怎样的家中。她说："你能看到这个项目对他们的意义，你能看到，这座花园带给孩子们的不仅仅是健康、营养和自然课上教授的内容。它还让孩子们有地方去，让他们感到某种社群感及某种目标。"

参观过二十四大街小学之后，卡罗琳带着自己明了的目的回到圣克拉丽塔。她为自己的社区花园撰写了计划书，她说这座花园不仅要为穷人提供服务，还要符合加州的教育标准。"经过深入的调查，我认定这不仅仅是一座美丽的花园。"

此时此刻，卡罗琳正在筹集资金，她希望在2009—2010学年启动这个花园项目，向两家当地食物站免费提供农产品。她过去曾在一家社区医院做过志愿者，还参加过家庭教师协会的活动，能参与到洛杉矶另外一群人的生活中，让她的世界变得丰富多彩，并让她对穷人产生了全新的怜悯之情。

"我们每个人心中都有一个黛博拉，"卡罗琳如是说，"只是我们要让她长驻心中。"

What difference do it make?

23. _____

朗

　　每个星期花几小时，困在一个闻起来像用洗洁精水煮臭鸡蛋一样的厨房里已经够糟了。我更加不希望被别人碰触，生怕染上我怀疑飘浮在每个空气分子里的细菌和寄生虫。

　　吉姆厨师和黛博拉轻松闲谈，我在心里面取舍：到底是取悦太太重要，还是避免染上绝症重要。我得承认，这个主意好像是个简单的开始—— 一个星期来分晚餐的菜，最多三四个小时我们就能离开。我们可以站在生锈的铁制餐点台后面服务，安全地跟顾客隔开……这个安排是最好的方法，不仅能满足黛博拉帮助游民的渴望，而且还可以不碰到他们或让他们碰到我们……

　　2009 年年初，我和丹佛受邀在一所富裕大学的资金筹集活动上发言。这所大学坐落在环境优美的诺曼·罗克韦尔小镇正中央，如明信片一般漂亮而完美。与此同时，这座城市的游民庇护所的董事会成员也正在努力筹集资金，修建一套新的服务设施。由于时间安排有冲突，我们已经数次拒绝了他们的邀请，但是庇护所的管理人员对我们穷追不舍。

"我们的庇护所条件很差，已经好多年了，"那里的主任告诉我，"可是市政府不肯提供支持。我们需要有人来帮助。"

最终，我和丹佛答应帮助他们。

我们演讲的那天，我和丹佛先去了那家据说条件很差的游民庇护所。在那之前，我和丹佛已经在全国各地参观了两百多所各种各样的游民庇护所和项目，但我们从没见过这么糟糕的地方。

游民机构通常都隐藏在整个城市最脏乱地区中最脏乱的建筑里，但是这个庇护所绝对称得上是灾难中的灾难。它位于废弃区一个破旧的店面，正对着铁路轨道。这座破旧的建筑物至少已有五十年的历史，而且自建成以来似乎就未粉刷过。

在机构里面，我们看到三十八个男人像苦工一样堆在一个仅能容下三人的昏暗小房间里。我往房间里扫了一眼，沿墙放着各式各样的双层床，上面污垢斑斑，看似是尿液、烟灰和呕吐物。床上的垫子好像是从轰炸后的废墟中捡来的。

我和丹佛交换了一下眼神，我明白他眼中的意思。他从没见过比这更糟糕的地方。

走廊的地板上铺着绿色油布，一片片剥落下来，露出下面腐烂的胶合板。走廊尽头是他们同样"豪华"的浴室：一个抽水马桶，两个喷头，供所有人使用。看到水泥浆上的污垢，我敢肯定，整座建筑从开始到现在就没用过一滴消毒液。我和丹佛来到餐厅，我抬头看到天花板，它几乎要塌落下来。

我曾见过无家可归的人住在烧毁的建筑里或者住在纸板盒子里。但我从没见过他们住在条件这么差的机构里，而且据称这里既没有志愿者，也没有什么目的或目标，更没有预算。事实上，这个庇护所只有四面墙和一片屋顶来抵御寒冷。即使如此，丹佛说，他宁愿睡在大桥下面也不愿住在这里。

那天晚些时候，我和丹佛在一千七百人面前做演讲，其中包括州长的妻子、法官以及州代表，他们是这座城市和这个州的精英人物。我之前从未对听众发过火，可在庇护所看到的一切使我气得脖子通红。

"全世界的人都认识你们，"我说，"你们拥有世界一流的大学，你们拥有国家级的球队。可你们也有着最差的游民庇护所。我们在全国各地参观过两百多家庇护所，没有比你们更差的。你们为这座城市和这所大学感到骄傲，难道你们也为这样对待无家可归的人感到骄傲吗？"

我本想问听众中有多少人曾去那家庇护所帮过忙。但我没问，因为庇护所的董事已经告诉了我答案：不超过二十位。所以我只是引用了《马太福音》第二十五章中的章节，关于耶稣将会根据人们如何对待"我这弟兄中一个最小的"来判定万民：

万民都要聚集在他面前。他要把他们分别出来，好像牧羊的
分别绵羊、山羊一般；把绵羊安置在右边，山羊在左边。于是，
王要向那右边的说："你们这蒙我父赐福的，可来承受那创世以
来为你们所预备的国。因为我饿了，你们给我吃；渴了，你们给
我喝；我作客旅，你们留我住；我赤身露体，你们给我穿；我
病了，你们看顾我；我在监里，你们来看我。"……王要回答说：
"我实在告诉你们：这些事你们既作我这弟兄中一个最小的身上，
就是作在我身上了。"

我向听众强调了耶稣这段话中需要注意的一小段："**这些事
你们既作我这弟兄中一个最小的身上。**"

"如果你们得知耶稣今天会到你们的庇护所去，你们还会让
它这个样子吗？"我问，"你们知道吗？耶稣每天都在你们的庇护
所，他很不喜欢里面的样子和味道。"

那天晚上，那座城市募集了 80 万美元，用来建造新的庇护
所。那次演讲之后，一位女士向我走过来，羞愧得满脸通红。她
的丈夫是负责筹集资金的董事会成员。

"我非常惭愧地告诉你，"她说，"我和我丈夫已经在庇护所
董事会服务了很多年，但我从未进去过。我一直不知道里面的情

况这么糟糕。"她说，她为帮助无家可归者而去庇护所，最多也就是匆匆把旧衣服丢在庇护所门口。

"不过令人欣慰的是，你现在已经开始做些事情了。"我告诉她。

这位女士原来的态度和现在的羞愧，都让我想起我自己曾有过的愧疚。我知道什么是远远地"给予帮助"，摆出一副漫不经心的自我感觉良好的姿态，比如赠送一些自己根本不想要的衣物，或者历尽千辛万苦开出一张支票。黛博拉拖着我去联合福音慈善机构的时候，我最不愿做的就是亲自参与其中。

我仍记得我和黛博拉第一次去机构的厨房做志愿者，我们首先见到的是六十五岁的吉姆厨师，他曾在一家全球连锁酒店担任大厨。吉姆的儿子悲剧性地去世后，他的妻子住进了精神病院。吉姆厨师借助酒精和毒品来麻痹自己的悲痛，最后他落得无家可归。现在他在慈善机构做厨师，努力重建自己的生活。

吉姆厨师和黛博拉一拍即合。而他们在慈善机构油腻腻的厨房里聊个没完的时候，我却在盘算着如何尽快把饭菜分给那些流浪汉，然后赶紧离开这里。我愿意去帮助无家可归的人，只是不愿跟他们接触。

过去的十八年中，丹佛时不时会睡在华盛顿酒店外的人行道上，距离我的艺术画廊不过两百英尺。我见到无家可归的人，从不会给他们一分钱或一杯水。我觉得接触这些穷困潦倒的人是最难闻、最不愉快的遭遇。

在遇到丹佛之前，我觉得无家可归的人就是大街上的垃圾，还祈祷市政府官员能找个大垃圾车把他们都拉走。几个龌龊的流浪汉曾抢劫过我的艺廊，所以我更确信，所有无家可归的人都是天下乌鸦一般黑，都会来抢劫我的艺廊。

黛博拉和丹佛改变了我的这些想法，虽然用了很长时间。他们告诉我，不要去想如果自己在大街上停下来帮助别人，我会怎么样，而要去想，如果我不去帮助他们，他们会怎么样。

24. _____

丹佛

我认识一个曾在军队待过的人，他告诉我，如果一个士兵或水手由于不端行为被逐出军队，这样的事情就称为BCD。

他告诉我："BCD真正的意思是品行不良勒令退伍（Bad Conduct Discharge），但我们都称为'丰盛鸡肉晚餐'（Big Chicken Dinner）。"

而在西雅图，一位"零地带"读者曾为一个像我一样的无家可归者**提供**过一顿丰盛的鸡肉晚餐，就此彻底改变了这个人的生活。不知为何，我们的书总能在华盛顿州创造奇迹，不管是在帕斯科小镇戴夫牧师的教堂，还是在西雅图附近的小镇。这次是一个八岁男孩的母亲。她并不笃信宗教，但读了我们的书之后，她告诉儿子："以后我们遇到无家可归的人，也要帮助他们。"

当然，她并不知晓帮助和祝福之间的区别——祝福就是你给某个人一份小礼物，让他知道你觉得他很重要；而帮助则是屈身与他同在，让他踩着你的肩膀爬起来。这些并不重要，因为最重要的是，这位女士的心灵已经被触动了。

第二天，她和儿子从杂货店归来，买了已经做好的鸡肉晚餐。当他们走到离家不远的巷子时，她的儿子看到两个无家可归的人正在翻垃圾。我可以肯定他们不是在玩"丢汉堡"的把戏，因为没有人会看到，也不会有人过来给他们钱，这样做完全没有意义。

那个小男孩对妈妈说："我们把刚买的鸡肉给他们吃吧！"

他们把鸡肉给了两个流浪汉，还看着他们坐在巷子里大快朵颐——这是一顿别开生面的丰盛鸡肉晚餐。

几分钟后他们回到家，那位女士开始感到一种强烈的"意念"。我已经说过，她只是泛泛地相信上帝，并非一个虔诚的信徒。可是她说，自己内心深处感受到一种指引，如同天主教徒口中所说的被圣灵引导。且不管是什么吧，她开始翻自己的钱包，想给那两个仍在外面享受丰盛鸡肉晚餐的人一些钱。

她找到 40 美元，她不敢相信自己要把这些钱给两个衣衫褴褛的流浪汉。但正如她自己所说的，她无法控制自己。所以她和儿子回到巷子里，给了每个流浪汉 20 美元。

我曾流浪过很多年，我知道无家可归的人中，**很少有人曾**收到过 20 美元。那两个家伙肯定觉得自己中了大奖。

你们猜几个月后发生了什么？那个女人和儿子正在家里，突然听到敲门声。那个女人通过房门上的猫眼，看到一位穿戴整洁的英俊男人站在自家的门廊。

"您好，女士，"她打开门后，那个人说，"您知道我是谁吗？"

"不知道。"她回答道。

"不久前，您曾给两个无家可归的人一顿鸡肉晚餐，还给了他们 20 美元，我就是他们中的一位。我能进去告诉您，您是如何改变我的生活的吗？"

对于要不要让一个陌生人进来，那个女人很担心，说实话，也许真的不应该。可她心想，这个人看上去很不一样，而且，如果他不是自己口中所说的那个无家可归的人，又怎么可能知道丰盛鸡肉晚餐和 20 美元的事情？

所以她决定把他迎进自己的家里，然后她把儿子叫到客厅来，听听这个人要说什么。

"你们知道我用那 20 美元做了什么吗？"他开口问道。

她笑了笑，心想也许他用这笔钱买了现在身上穿的衣服，但她说："不知道，你做了什么？"

"我带着钱去了最近的酒吧，把自己灌得烂醉！"

我就不该给这些人钱！那个女人心想。震惊之余，她想到眼前这个人跟那天巷子里见到的完全两样，所以她决定听他把故事讲完。

他接着说："我在酒吧遇到一个在里面工作的女人。从来没有比我样子更糟糕的人在酒吧出现过，这个女人非常好奇，就让我讲讲自己的故事。我告诉她，我已经在大街上流浪了二十多年。"

酒吧里的女人询问他的家庭情况。

他回答说："他们都以为我已经死了！"

酒吧女人震惊地说："这对你的家人很不公平，你应该让他们知道你还活着！"

"你不明白，女士。我做过那么多坏事，他们不想再见到我。在他们心里，我死了反而更好。"

瞧见了吧，这就是做坏事的下场。你做了坏事后，就会觉得那些曾经爱你的人再也不会给你任何机会。而事实可能并非如此。

那天晚上，酒吧里的那个女人说服他回家看看，说不定一切为时未晚。午夜时分，她把他拉上自己的汽车，把他送到汽车站，还用自己的钱为他买了一张单程票，让他搭乘下一趟汽车回家。

这让我想起了撒玛利亚好心人，他自己出钱帮助了一个不相识的可怜人，而其他人，甚至那些信仰上帝的人，路过时却不闻不问。

这位西雅图女人和她的儿子，聆听这个他们曾施舍了 20 美元的人讲完自己的故事。

"我的家人视我为回头的浪子！"他说，"他们见到我非常高兴。我在家待了三个月，他们原谅了我，依然爱我。我现在还在恢复中，但我已经找到了工作，还有个美好的未来。我只是回来感谢每一个改变了我生活的人。"

"您给的 20 美元就像一笔本金，上帝让我借此翻了身，"他说，"我本想用它买酒喝，好忘却自己的苦恼，而上帝用它来提醒我，他依然会改变人们的生活，哪怕是酒吧里喝得烂醉的人。"

听到这个故事，我非常高兴，因为它告诉我们，哪怕你只是给有需要的人一点点祝福，上帝也会让其他人把这小小的礼物编织成更大的祝福。如果你祝福别人，你也会得到祝福，不管他们用这些钱做了什么。所以只管放心地送出礼物，其他事情就交给上帝处理吧。

What difference do it make?

25. _____

朗

　　他从容不迫，一只眼睛还是盯着我，忽略我们身边来来去去的星巴克迷。"我听说白人去钓鱼的时候，会'捉与放'……我真的觉得很有问题，"丹佛继续说，"我就是不懂。因为黑人去钓鱼的时候，能钓到东西会让我们感到骄傲，我们带回去给想看的人看。然后把抓到的鱼吃掉……换句话说，我们钓鱼是维持生命。因此，我觉得白人费那么大劲捉鱼，抓到以后就放回水里，真的很有问题……"

　　丹佛偏过头，看着秋季的蓝天，然后又用具有穿透力的眼神盯着我看。"所以，朗先生，我想到是这样：如果你钓来一个朋友是为了捉与放，那我没兴趣当你的朋友……如果你要的是一个真正的朋友，那么，我永远是你的朋友。"

　　进入 2009 年，我注意到我们所到的城市出现了一种趋势。几乎每个城市都为终结无家可归制订了"十年战略计划"。这些计划通常包括建造更多的住房（就好像现在的问题是因为住房不足似的）以及修建更多治疗上瘾和精神疾病的政府设施（就好像目前项目不够似的）。

不要误解我的意思。我很高兴政府开始关注无家可归问题。只是政府不可能解决这个问题。因为政府可以让一个人有地方住、有饭吃，甚至还可以给他一份工作，但是政府不能给他爱，也不能充满关爱地为他负责。那些长期无家可归的人，不管是由于不幸的事故而流落街头，还是他们做了坏事咎由自取，都有很多内部问题，不是食物、住所或是金钱可以解决的。

正如丹佛所说："如果我们有能力去做你们要我们去做的事情，我们早就做了。"

长期无家可归的人需要爱，需要怜悯，需要责任，需要有人能在他们跟跟跄跄地走在通往完整的坎坷道路上时，过来扶持自己。

我见到几个城市的十年计划已经进行了两三年，却没有取得任何实质性进展。之后我开始问那些参加《世界上的另一个你》活动的人两个问题："这座城市有多少无家可归的人？"以及"这座城市有多少家教堂？"

有趣的是，大多数情况下，他们的教堂比无家可归的人还多。如果算上犹太教会堂、寺庙、清真寺和其他把关怀穷人作为精神使命的宗教团体，几乎所有的城市里，宗教组织的数量都要超过无家可归者的数量。

问过听众这两个问题后，我会向他们展示我自己的"三十日终结无家可归计划"。这个计划是这样的：每一位牧师、拉比、神父和伊玛目都动员自己的会众去接收一位长期无家可归的人。每一个宗教组织，不管有五十名还是一千名教众，都能承担起集体责任，去接受一个人、用心去爱这个人，让他回到社会中去。

我们假设这个人名叫乔，这个宗教组织为"第一浸信会教堂（以下简称为教堂）"，拥有三百名教众。首先当然是与乔做朋友。给他几美元，带他去喝咖啡或吃顿大餐——要两个人一起，到公共场所去，当然也不能危及教众的人身安全。一些人带乔出去，其他人可以去调查他的背景。三百人中总会有法律人士或者社会服务人员，他们要确保乔不是危险分子，可以放心地让他来教堂。

我想说明一点：爱人们并不代表完全不顾实际情况。还记得丹佛提到的那个西雅图女人吗？她让一个曾经无家可归的陌生人到自己家里，她是幸运的。我和黛博拉做了同样的事情，而且这也改变了我们的生活。但你们不能盲从。有些无家可归的人真的很危险。

去年，达拉斯的一位年轻人想要帮助无家可归的人，当时他在市中心工作。一天，他开车载了一个无家可归者一程，结果那个人将他杀害了。还有一起案例，一位富有的女士想帮助一个流浪汉，让他去自己家里工作。当他们一起回到她家时，那个流浪汉把她捅死了。

所以要记住，不是每个人拿了 20 美元或吃了一顿丰盛的鸡肉晚餐后就会改过自新，还有一些人非常难缠。难道这说明每个无家可归的人都有可能杀人吗？当然不是。但是这确实说明，当我们向无家可归的人伸出援手时，我们要小心谨慎，因为他们中的很多人都患有精神疾病。

我记得有次我到社区去，跟几个相识的无家可归者聊天。我倚靠在一座空房子的墙上，闲聊着，这时，其他人发现一张熟悉的脸鬼鬼祟祟地出现在拐角处。

"小心了！"其中一个人说，"女魔鬼来了。"几秒钟后，一个穿着俗丽的肮脏女人幽灵一般出现在我们面前，粗声粗气地说话，声音低沉，像两块砾石在相互摩擦一般，听在耳中不像是女人发出的。后来我告诉黛博拉，她的声音真的就像魔鬼。女魔鬼个子娇小，或许曾经很有魅力，只是毒品毁坏了她的容颜。

她凑到我的脸上，语速飞快地说："我——曾——是——位——老——师，你——是——谁？你——是——谁？你——是——谁？"

我吓坏了，几乎想逃跑。奇怪的是，她像子弹一样射出的话语像归家的信号一样吸引着男人，她奉承他们，把他们迷倒，说不定就会有人请自己免费吃喝。"咦，你——挺——帅——的——嘛，你——挺——帅——的——嘛，我——猜——你——一——定——

会——好——好——照——顾——我。"

我提醒其中一位无家可归的朋友——他努力地保持清醒，想把腿离开——不要中了她的魔咒。

他笑了，保证说："不可能的！"

感受到这种邪恶的力量后，我悄悄溜开回家了。

几天后，我们正在家里盛意大利面。我们听到消息说，我的一位朋友进了监狱。显然，女魔鬼唤醒了他内心的邪恶。我听说，就在离我们上次谈话不远的地方，其中两个人被逮捕了。女魔鬼被捅了几刀，躺在医院里奄奄一息，而他因谋杀未遂被捕入狱，都是药物成瘾害的。

丹佛现在已是个文明人，但我记得初识他的前几个月，我一直以为他会杀了我。我和黛博拉把电话号码和家庭住址告诉丹佛，其实已经违反了慈善机构志愿活动的基本原则。感谢黛博拉的大胆和善心，才有今天这样的好结果，才有那么多人为我们的故事所感动。所以，我不会奉劝你们要是害怕就不要去帮助别人。只是要记住耶稣派遣门徒出去传福音的时候对他们说的话："要灵巧像蛇，驯良像鸽子。"

不过，这个安全问题还有另外一面——当教堂的人仔细判断乔是否安全的时候，乔也在观察教堂的人们是否安全。他们会对他"捉与放"吗？他们会刚开始很热心，后来逐渐懈怠，到最后只能在节日才能见到他们吗？

无家可归的人已经习惯了人们一只手"帮助"他们，另一只手捏着自己的鼻子。他们习惯了"捉与放"式的朋友，这些朋友起初几天或几周很热心，很友爱，很有同情心，但当事情变得艰难或者他们有自己的事情要忙的时候，他们就会放弃之前所有的努力。

教堂的人会真诚对待与乔的友谊吗？当他坦白自己由于怎样的困苦和不法行为而流落街头时，他们是否会为他保守秘密？与其他人一样，在确立一种可能会改变自己人生的关系前，乔也会注重一样东西：可信赖性。

一旦关系确立，教堂是否可以进行下一步，让乔离开街头？他是否可以住进教堂的房间里？教堂成员是否可以为他在其他地方租一间每月20美元的房子？食物怎么办？教堂的妇女事务部或男人团体是否应该把乔的冰箱塞满食物？

你也许会说："看来乔不需要做任何事，也不需要承担任何责任。"

正是如此！教堂要给乔的是无条件的爱。真正去爱一个人就要让他经历从依赖到独立的过程。时候到了，他自然就会独立起来。而乔首先需要的是自我尊严，是有人爱他，愿意给他机会。

乔会不会利用这个机会白吃白喝一段时间，然后就此分道扬镳呢？不仅有可能，可能性还很大，至少一段时间内会如此。长期无家可归的人一般都是瘾君子或小偷，诈骗的小技巧也很娴熟。你要想做正直的公民，你就无法在街头生存下来。

即使乔无法坚持到底、真正做出改变，也没关系。教堂已经做了上帝要求他们去做的所有事情。耶稣说，上帝会根据我们如何对待饥饿的人、口渴的人、监狱里的人和陌生人来判定我们。他会根据**我们**的怜悯心以及**我们**如何生活来判定我们，而不是根据乔最终如何生活。上帝要我们去爱别人，而不是计较结果。乔只有得到无条件的爱，才会（最终）获得自由，才能回过头来，自愿对那些曾经信任自己的人承担起责任。

继续我们的三十日计划，设想这个教堂有各种免费的资源。医生可以提供医疗服务。心理咨询顾问可以提供心理健康援助。教师可以帮助乔提高阅读、写作和数学水平，或者辅导他的驾照课程。社会服务人员可以帮助乔准备必需的文件，指导他去那些令人恐怖的地方，比如社保办公室、县书记官办公室，以及最吓人的机动车辆管理局。

还有一件事情是信仰组织可以做到，而政府无法做到的：给乔一份工作。当年我走在沃思堡的大街上，遇到的人曾是厨师、建筑工人、人事经理、汽车修理工、执行主管、技能娴熟的军事技术人员，以及何塞那样的石匠。无家可归并不代表没有技能。

一家教堂里总有人可以直接为乔提供一份工作，即使没有，也总有人认识其他可以提供工作的人。即使都没有，或许乔愿意做些教堂日常维修的工作，那就可以用教堂基金支付他工资，或者大家集体捐款。

如果有人愿意雇用乔，根据我的以往经验，这个任务将会非常艰巨，令人难以应对。不过众擎易举，人多力量大。与政府项目的区别就在于此，宗教组织可以提供无限贴心的可能性，能根据实际情况为乔找到合适的工作。这种情况的确需要**劳师动众**。

目前我还没听说有人实施我的三十日计划。我觉得这可以归咎于两大人为因素：借口和恐惧。第一次跟黛比去慈善机构的时候，我也忙得抽不开身——至少我自己这么认为。我有充足的理由不去：要照顾孩子，要销售艺术品，要奉承客户，要管理账务，还有很多很多玩具要玩、要维修。我跟黛比一起去只是因为我想做一个好丈夫，而之前的很多年，我一直做得很糟糕。

同时，我也很害怕。怕会受害。怕被刺伤或枪杀——如果只是被抢劫已经算是万幸。我们第一次去联合福音慈善机构，黛比和吉姆厨师聊天的时候，我只觉得皮疹、虫子和寄生虫都会粘在我身上，尽管这种可能性非常小。

今天，我很高兴当时我内心的愧疚战胜了恐惧，黛比对贫困人们的热情消除了我所有傲慢的正当借口。

丹佛说："你要弯下腰才能把别人扶起来。"当那些无家可归的人开始给我带来更多的祝福，当我的心逐渐乐于去做这些事情时，我才意识到上帝命我们去爱，并非只是为了他人，也是为了我们自己。

迈克尔
接待天使

读了我们的故事后，来自得州韦科市的迈克尔写信告诉我们，他以前对无家可归的人非常无情。而如今，他把一个无家可归的人带到教堂。结果有些令人遗憾，迈克尔说教堂里的其他人都觉得，他和他那位无家可归的朋友是两只臭鼬。

没错，他说的是："臭鼬。"

不就是那种臭臭的动物吗？我想有些人依然以为我们要先把自己的外表收拾干净，之后上帝才会来清理我们的内心。可事实并非如此。上帝的**专长**就是变废为宝。

迈克尔说，他那位无家可归的新朋友从不信任教堂里的人，但他开始信任迈克尔，并与迈克尔一起出去吃早餐，正如我当年第一次与朗先生一起去餐厅吃早餐。迈克尔说，不久之后，这个无家可归的人就打开心扉，开始讲述自己的故事。那之后，迈克尔的一位朋友告诉他，也许这个无家可归的家伙是耶稣的化身。

这么说也不无道理。耶稣曾说，这些事我们作在最低微的人身上，就是作在他身上。还记得亚伯拉罕接待的那些天使吗？他们看上去只是寻常的陌生人，匆匆赶路的流浪汉，可亚伯拉罕和他的妻子走上前去，像对待尊贵的客人一样招待他们。我们要从中汲取教训。你永远不知道上帝会通过谁的眼睛来观察你。或许是你的老师，或许是你的牧师，也或许是你的主日老师。但最有可能的是大街上的流浪汉。

What difference do it make?

26. _____

朗

　　圣诞节过后一个星期，疗养院的工作人员告诉我，爸爸的情况越来越差。2009年的第三天，我与临终关怀医院谈了一个小时，之后用最轻柔的声音对爸爸说："爸爸，你知不知道自己的日子已经不多了？"

　　"见鬼，当然知道！"他说，"我已经九十一岁了，还有癌症，都吃不了东西了，你以为我是傻子啊！"

　　"那我们两个要不要来一次最后的狂欢？"我说，"你告诉我想去哪里，想做什么。你所有的愿望都能实现，就像那档电视节目，《一日为王》。"

爸爸不假思索地说："带我回家，我想坐在自家的门廊，喝点上好的威士忌，抽支雪茄。"

当然，爸爸的每个要求，不管是未经许可擅自离开，还是摄入有害化学物质，都违背了钉在护士站告示板上的那些规定。然而我想，对于最后一次飞行的老鸟来说，规定注定是要被打破的。

我轻轻把他扶到轮椅上，然后打开房间的门，若无其事地推着他过了护士站，出了前门，身后警报声大起，好像我刚引发了一场大火。

爸爸微微一笑，挥手**告别**。

"伙计，你惹大麻烦了。"我把骨瘦如柴的他放到我那辆陆虎揽胜的前座时，他对我说。

我狡猾地笑了笑，说："我看上去会在意吗？"

"不会。"他附和说。

"**我**把你牵涉进来，你会在意吗？"

他布满皱纹的脸上绽开大大的笑容："**见鬼**，当然不会！"

我们同时笑了起来，就像《虎豹小霸王》里布奇和圣丹斯纵身跳下悬崖前一样放声大笑。

我一手握着方向盘，一手用手机拨通了哥哥约翰的电话，让他到爸妈家里与我们会合。然后我打电话给那些认识了大半辈子的邻居，告诉他们："我要把爸爸接回家举行最后的狂欢。你们都过来道个别吧。"回家的路上，我在一家香烟店买了五支罗密欧—朱丽叶雪茄。

我们停在房子前，我把爸爸抱到门廊，放在他的锻铁摇椅里。邻居们陆续过来，我到屋里去找他的威士忌。

毫不费劲就找到了。就在客厅的咖啡桌中央，如同节日宴会的桌面摆饰，端放着去年圣诞我送给爸爸的那瓶杰克丹尼。

我想，**没有必要再留着了**。我走进他们小小的油毡厨房，找了杯冰可乐，打开威士忌的封签，给爸爸倒了一杯。

门廊前，我们点燃了 10 美元一支的雪茄，回忆往事：西四大街贫民窟……驴上篮球赛……有次，一匹脱缰的野马把爸爸掀翻在篱笆上，篱笆附近有条小河，我们曾在那里钓过小龙虾……还有活泼好动的鲁斯蒂·费，穿着露背装，坐在摔跤手丈夫的哈雷摩托车后面，结果摩托车撞到了石块上，把整个社区的男人都乐疯了。

厄尔的眼神变得热情而蒙眬，我不知道是因为留恋往昔，还是由于喝了杰克丹尼的缘故。

"孩子们，我为你们感到骄傲。"他说。

我和约翰交换了一个眼神，终于听到爸爸说出我们一直都很渴望听到的话，我们都很惊讶。

那个曾泄露了爸爸神秘卡车之行的邻居大卫，缓步走过来。他靠在门廊前的邮筒上说："厄尔，你活了九十一年，还能跟你的两个儿子坐在门廊上，喝着威士忌，抽着雪茄。还有比这更好的吗？"

"他妈的还真有！"爸爸戏谑地笑着说。

大卫睁大眼睛问："还有什么？"

"朗尼还没带我去狂野性爱派对呢！"

所有人都捧腹大笑。

我看到街对面，爸妈五十七年的老邻居从护墙板小房子里出来，想看看厄尔家发生了什么事情。我起身走过去和她打招呼。

她叫露易丝，做过理发师，曾是个烟民，她留着蓝色头发，声音沙哑，我总觉得像是一只青蛙在对着扩音器讲话。她已经九十岁了，每个周一晚上还会去参加老年舞会。我父母体力渐衰的这些年，露易丝曾诚心诚意地给他们送来新鲜烘焙的香蕉坚果面包。

我走到她的院子里，朝门廊的那群人偏了偏头说："露易丝，我把爸爸带回家了，也许是最后一次。这么多年来，你一直是我爸妈的好朋友。我想让你知道我非常感激你，如果我能为你做些什么，尽管告诉我。我都会满足你。"

露易丝狡黠地笑着说："朗尼，倒还真有一件事。"她的声音依然刺耳。

"你说。"

"哦，你可以让我抚摸一下你的头发，"她气喘吁吁地傻笑着，"自1976年弗兰克去世后，我就再没摸过男人的头发！"

我笑着弯下腰，说："来摸吧，露易丝！"

她伸出两只手抓着我的头发，像个小女孩一样尖叫着，开始搓揉我的脑袋，就像她之前在发廊里为客户洗头那样。我笑着笑着就哭了起来。然后，她就过去跟我爸爸道别。

厄尔在门廊前开了几个小时的大会，讲了很多故事，回忆了很多往事，下午的阳光把天空染成金黄。四点钟左右，他沉默了几分钟，然后用忧郁的声调宣布："我已经准备好回家了。"

"是不是说，你已经准备好去死了？"我开玩笑说。

"见鬼，当然不是！我准备好回到疗养院，小睡一下！"

午夜刚过，一阵电话铃声把我从睡梦中惊醒。"今天晚上，您父亲睡了很长一觉，醒了之后就试图逃跑。跑了大概十英尺就跌倒了。"护士长告诉我。

她说，他的左侧股骨碎裂，脑袋摔得皮开肉绽，眼睛上方严重划伤。我并没觉得愧疚，但我在想，如果没有我的怂恿，这些事情还会不会发生。

"我们已经打了急救电话，正把您父亲送往医院。"护士告诉我。

经过四个小时的手术，哈里斯卫理公会医院的医生把一块钢板植入爸爸的腿中。那时我还想，这样挺好，他们无意中成了他以后逃跑的帮凶。但那天爸爸并未从麻醉中醒来。第二天仍未醒。第三天、第四天，他还没有醒过来。我已经明白，厄尔·霍尔已经是最后一次越狱了。

芮根和卡森赶了过来，我们一起为爸爸祈祷。我们把他交给上帝，告诉他，爸爸已经做过决志祷告，我们觉得他已经忏悔过了。泪水顺着我的脸颊流下来，我对父亲产生了一种从小到大从未有过的感情——真情。

第五天，重症监护病房的医生进来为爸爸做了检查，然后告诉我们，他只有几个小时了。我和孩子们继续祈祷，希望把他和信息一起送往天堂。

昏迷后的第五天下午三点钟左右，厄尔·霍尔突然醒过来了。我站起来抓着他的手说："爸爸，我们差一点就失去了你！你的血压低得无法维持生命。"

"哦，这是个该死的谎言！"这句话一出，原来的厄尔就又回来了，"我很清楚自己在做什么，我只是在休息。见鬼，我现在感觉很好。带我回家吧！"

三天后，爸爸的血压再次下降，我向他道了别。

两天后，我们把他葬在沃思堡的橄榄山公墓，四十年前，他就在那里买了一块墓地。在他的葬礼上，爸爸的朋友一个个上来讲述他是多么为我骄傲，我感到十分惊讶。

"他说你是位著名的作家，跟约翰·格里森姆一样出名。"他的一位老朋友告诉我。

纵使我从未听到厄尔·霍尔亲口告诉我他为我感到骄傲，但我还是很高兴，因为我知道他固执的内心深处是这么想的。那个时刻，我发誓再也不吝于对自己爱的人说些贴心的言语。我也很高兴那天下午在门廊前，自己曾用那样的方式向爸爸表达了自己对他的爱意和尊敬：啜饮上好的威士忌，抽着罗密欧—朱丽叶雪茄。

What difference do it make?

27. _____

朗

　　我的纽约合伙人迈克尔打电话来，问他是否可以来看黛博拉，他已经动身。最后这几个星期，我不让他或其他人过来。黛博拉消瘦得太多，盖在被单下几乎感觉不到她的存在。她的眼睛失去光彩，她看起来好像被人残忍地用骨头撑开来。我希望大家记得的她，是他们心中那个美丽优雅的女人。

　　但迈克尔坚持要来，于是我同意了。他是犹太裔，但不是个笃信的人。迈克尔在早上十点左右开车到家里，玛丽·艾伦和我正在黛博拉的房间，跟着一张基督宗教歌曲 CD 一起唱歌，有些是黛博拉的最爱。迈克尔一进门的时候，正好播到《我们站在圣地》这首歌："我们站在圣地，我知道四周都是天使。"

　　歌曲传遍房间，迈克尔看看黛博拉，然后看看玛丽·艾伦。"我们就站在圣地。"他悄悄地说。突然，仿佛有人踢了他腿后面，他跪下来开始哭。

2009 年年初，我的合伙人迈克尔·阿特曼将一本《世界上的另一个你》送给纽约另一位著名的艺术品交易商霍华德·戈德尔，霍华德读过之后推荐给妻子梅琳达。他们有位朋友叫艾琳·科特莱特，艾琳与黛博拉的故事有着最深刻的联系。

2008 年 8 月，五十二岁的艾琳开始莫名其妙地呼吸短促。她去看了内科医生，做了胸部 X 光。医生说她的肺部正常，让她买了个吸入器就打发她回家了。但几个星期后，艾琳与结婚二十二年的丈夫内特在意大利托斯卡纳区钟塔环绕的山中远足，她突然感到从未有过的疲惫。

她在洒满阳光的葡萄园边的土路上停下来，看着内特说："我不舒服。"

回到美国后，她做了检查，诊断结果很不乐观。艾琳患上了急性骨髓性白血病，这种疾病非常罕见，目前尚无药可治。

10 月，艾琳住进医院接受一系列化疗。医生告诉她，化疗只对少部分急性骨髓性白血病患者有效。而艾琳不在其中。2009 年 1 月，医生把她转到加略山医院，只不过是去等死。

"刚到加略山医院的时候，我非常虚弱。"她回忆说。

"有天晚上，我出现多重感染，高烧四十摄氏度，还内出血。我当时不知道自己能不能挺过去。"

临终关怀医生和牧师让艾琳的丈夫安排好后事，让所有想要跟她告别的人当天晚上就过来告别。

而艾琳活了下来。

两个月后，时值 3 月，霍华德和梅琳达去看望艾琳，带去了一本我们的书。艾琳在书中读到黛博拉的力量和面对死亡时的信仰，她觉得自己和黛博拉很亲近。与我的妻子一样，她也想看到自己的儿子高中毕业、大学毕业，她也想看到他结婚生子，她也想见见自己的孙辈。但这一切都已不可能。艾琳很快就会走完自己的人生旅程，撇下自己的丈夫和儿子离开人世。

"可能有人觉得奇怪，我这样的人怎么会去读这样一本书？"艾琳说，"也可能有人奇怪怎么会有人给我这样一本书？可我在这本书里找到了安慰，我对此有深刻体会。看到黛博拉始终把他人放在第一位，我很受鼓舞。我觉得如果我能见到黛博拉，她的杯子将永远半满，从不会半空。①"

艾琳读完这本书后，她忽然想到其实自己真的有机会见到黛博拉——在天堂里。尽管 1 月份她与死神擦身而过，但医生说情况并没有什么好转。化疗无效，白血病还在她的体内肆虐。一位医生告诉艾琳，通常情况下，如果化疗失败，急性骨髓性白血病人最多还能活两到四个月。

"我记得那天晚上我读完这本书，祈祷自己到了天堂见到的第一个人会是黛博拉，"她说，"同时，我也很担心我丈夫，没有

---

① 这句话暗含一个哲学道理，即桌子上放着半杯水，在悲观者看来杯子是半空的，会越倒越少；而在乐观者看来杯子是半满的，可以不断加满。

我，他还要继续走下去。我想见见朗，看他的情况如何，是不是还好。"

4月，梅琳达和霍华德又去看她。艾琳告诉他们，她非常喜欢我们的书。

"我们今天晚上会在艺术品展上见到朗·霍尔的合伙人，"梅琳达说，"也许他会帮你跟朗取得联系。"

事情就是如此发生的，一两天之内，我就接到了艾琳·科特莱特的电话。

一开始我询问了她的病情，问她感觉如何，诸如此类的事情。艾琳礼貌地回答了我，但很快就转移了话题，她说："我打这个电话不想谈我自己，我知道结果会怎样，我也已经接受了。我现在很平静。我想跟你谈谈你和丹佛。我希望你能将黛博拉离开人间去了天堂后发生的一切都告诉我，因为我很快也会到那里去，我希望到时候能把一切都告诉她！"

我不知道我们至爱的人会不会在天堂看着我们，如同人们追随肥皂剧一样时刻了解我们在尘世的生活。《圣经》上说天堂没有眼泪，我倾向于认为天上的灵魂看不到世间的人们。如果他们看到我们的悲惨生活，怎能不哭泣？如果他们只能看到好的一面，岂不是太过神奇？

我拿着电话，坐在莫奇森庄园的卧室里，看着书柜里的相片清晰地把时间分成两个时代——有黛博拉的时代和没有黛博拉的时代。里面有黛博拉和卡森的合照，有黛博拉和芮根的合照，有黛博拉和我的合照，我们在旅游胜地拍下这些照片，尚不自知不久后死神就会画下一条线，把时空隔成两段。

所以尽管我心里很不确定，但我还是很高兴能通过艾琳跟丹佛口中的"另一边"取得联系。她这位信使不但愿意过去告诉我妻子所有的一切，还对此充满**期待**。

艾琳首先说："我想知道丹佛的事情，你们两个还是朋友吗？"

我轻声笑着说："是的，我们还是朋友，还住在一起，还一起到全国各地宣讲黛博拉的故事。告诉她，我并没有对他'捉与放'！"

艾琳又问："慈善机构呢？现在怎么样了？是不是一切都如黛博拉梦想的一样？"

一股意想不到的愉悦温暖了我的心房，我想起了我们初次去东兰卡斯特街的慈善机构时，黛博拉怀有的美好愿景。

我开进停车场，心想怎样才能以最快的速度出来，但黛博拉忽然转过来跟我说话，用一种当你深爱某人多年以后才能分辨的语气，那代表了"听我一次"。

"朗，进去之前，我有话跟你说。"她头往后靠，闭上眼睛，"我对这个地方有不同的想象。我想象街道上有白色花圃、树木和黄花。很多很多黄花，就像罗基顶的六月草坪。"

黛博拉睁开眼睛，转向我，带着期盼的笑容："你想象不出来吗？没有流浪汉，水沟里没有垃圾，一个美丽的地方，让这些人知道上帝爱他们如同他爱隧道另一端的人。"

我笑一笑，亲了我的指尖一下，然后贴到她的脸颊。"是的，我能想象。"我只是没提，我觉得她的想象力太丰富了一些。

一如既往，我还是错了。我告诉艾琳，我和黛博拉第一次去那座破旧的建筑，遇到的每个人都很好心，比如机构主任唐·席斯勒和吉姆厨师。他们忠实地为无家可归的人服务，努力拯救那些迷失的灵魂，设法完成上帝交办的任务。吉姆厨师因癌症去世，没能看到以黛博拉命名的礼拜堂、新建的男士中心和妇女中心，以及免费的医疗诊所。

诊所给慈善机构带来革命性的变化，因为它设有一个心理健康科。丹佛之前提到，唐觉得百分之七十的无家可归者都患有不同程度的精神疾病。之前，联合福音慈善机构无力为这些人提供实质性的现场服务。而现在，志愿心理咨询和心理学家可以直接过来服务，还会把长期患有精神疾病的人推介给专门机构，进行系统治疗。

诊所是由艾伦·达文波特医生主导的。艾伦和妻子玛丽·艾伦是我们最亲密的朋友，在黛博拉患病期间，他们是我们最坚定的支持者。

"你大概记得我们的书中曾提到他们。"我对艾琳说。

她说她记得。就像采访时间所剩无几的记者，她立即抛出了下一个问题："贝蒂呢？我可喜欢书中的她了。她现在怎么样？"

我先认识修女贝蒂，后来才认识黛比小姐。她其实不是修女，我们这么叫她只是因为她真的很虔诚——她跟你说话的时候，会把一只手放在你的手臂上，仿佛她已经认识你一辈子了，好像你就是她的小孩。

贝蒂住在机构里，但不是因为她没地方去。很久以前，她住在普通的社区，先生过世后，贝蒂觉得有一种力量在牵引她的心，让她把下半辈子奉献给游民。她把房子等一切都卖了，只留下一辆小丰田卡车，然后她问联合福音的人，她可不可以来管理内务。

没多久，沃思堡的游民就都知道贝蒂了，她会去餐厅要剩饭剩菜，去商店要袜子、毯子、牙膏，等。她从来不带钱包，只带那天她要给的东西以及她的《圣经》。

我告诉艾琳："贝蒂还像以前那么活跃、那么亲切。她还会经常给我打电话，她还会跟我一起为黛博拉祈祷。"贝蒂已经八十多岁了，每周还会拖着那身老骨头来到街头，为那些再邋遢不过的人带去关爱。她满头银发如夏天的云朵，她经常微笑着，蓝色的眼睛像海面上的太阳一样闪烁。

艾琳接着问："你们的孩子结婚了吗？"

我说："嗯，结婚了。"

"他们跟谁结婚了？黛博拉认识他们吗？"

我说，黛博拉认识卡森的妻子梅甘。黛博拉去世前就希望卡森能娶梅甘为妻，还将一串珍珠项链交给卡森，让他在婚礼那天为新娘戴上。

至于芮根，她之前喜欢那些到处流浪的另类分子。黛博拉一直为此担心，还觉得芮根会嫁给一个嬉皮士模样、踩着滑雪板的韦尔人，戴着帽子，帽檐朝后，在 T 恤店里打工。我告诉艾琳，结果芮根追随母亲的脚步，嫁给了一位投资银行家。不同的是，芮根的丈夫马特·唐奈来自得州西部的一个牧场主家庭，而不是来自霍尔托姆市铁轨旁边的一个臭气熏天的地方。

"告诉黛博拉，芮根和马特有两个女儿，"我对艾琳说，"格里芬三岁了，萨迪·简刚满一岁。"

"卡森和梅根呢？他们有孩子了吗？"

我的心几乎停止跳动："他们有一个孩子，是个女儿。"

我的思绪回到她出生的那天。我走进病房，卡森把一个小包袱放在我怀里。我低头看着这个小东西，她闭着眼睛，粉嫩的小嘴微微翕动，可爱的圆脑袋上头发很短，如同一只柔软的桃子。

卡森说："爸爸，让我们欢迎另一位黛博拉·霍尔来到这个世界——肯德尔·黛博拉·霍尔。"

我站在那里哭了，多希望我的妻子能抱一抱这个与她同名的孩子。

而现在，至少艾琳可以告诉黛博拉所有关于孙辈的好消息。告诉她，她所有的梦想都已成真。关于我们家庭的梦想，关于丹佛的梦想，关于她一直挂心的慈善机构的梦想。

我的妻子曾预见，整个世界都觉得愚蠢不堪的丹佛会成为一个聪明人，可以改变整个沃思堡——他做到了。她曾断言，我和丹佛会成为朋友——我们做到了。可黛博拉无法预见，上帝如何利用我们的经历去神奇地改变人们对待全国乃至全世界无家可归者的心。

结束这个因黛博拉而起的神奇通话之前，艾琳问我："若我在天堂遇到黛博拉，你还有什么话要我带给她吗？"

"有，"我说，"你告诉她，朗尼·雷向她问好，我很想念她，不久我就会见到她。"

—完—